출판 경영

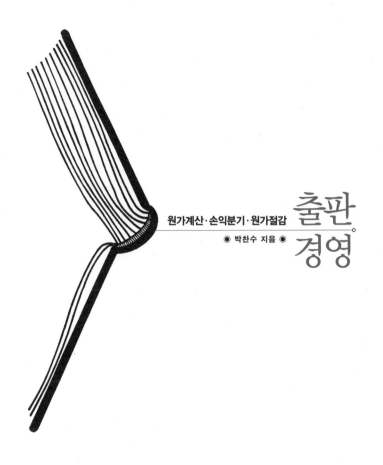

원가계산·손익분기·원가절감

출판
경영

◉ 박찬수 지음 ◉

한국출판마케팅연구소

출판사도 경영을 해야 한다

출판사 조직 구성 요소를 보면 대체로 기획편집, 마케팅, 디자인, 제작, 경영지원 등으로 되어 있다. 일부 출판사의 경우 기획과 편집을 분류하기도 하고, 편집 업무에서 편집자와 교정교열자를 구분하기도 한다. 경영지원은 경리와 회계를 분리하기도 하고 통합해서 운영하기도 한다. 또한 경영지원팀에서 출고 업무를 병행하는 곳도 있다. 마케팅팀도 온라인과 오프라인 담당자를 구분하고, 홍보와 전자책, 마케팅 전략 프로모션 담당자 등 확대개방형으로 변화하고 있다.

사회 변화에 따라 조직은 진화하고 발전하는데 출판사 내부적으로 실질적 전문 인력 양성을 제대로 하고 있는지, 체계적인 시스템으로 조직을 관리하고 있는지 의문이 든다. 생각보다 출판경영에 모범이 되는 사례는 많지 않은 듯하다.

어쩌면 지금까지 국내 출판산업은 독자들에게 책 읽기의 즐거움을 제공하기보다는 성과를 중요시하는 문화를 지속시키고 있지는 않은지 스스로에게 반문해본다. 성과주의, 실적주의 기획출판 문화가 형성되면서 신간 도서를 짧은 기간에 대량 판매해야 하는 압박감에 사재기 등이 성행하고, 지속적으로 독자의 관심을 받아야 하는 구간 도서의 경우엔 지속적인 판매관리가 이루어지지 못하고 있다. 결과적으로 성과·실적 중심의 기획출판으로 인해 초기 투자비용 등이 과다하게 지출되고 있다.

출판사 경영에서 가장 많은 비용을 지출하는 분야가 인세, 인건비, 제작비이다. 그러나 이보다 더 많이 지출하는 부분은 유통 마진이다. 출판물 기획에서 제작까지 단계를 보면 편집 공정에서는 저자와 0.5퍼센트 또는 1퍼센트 단위로 인세를 협상하고, 제작 공정에서는 접지비를 '한 페이지당 45전 지급하느냐, 50전 지급하느냐'로 조율하는데, 마케팅 공정에서는 도서 공급률을 5퍼센트 단위로 협상함으로써 출판사가 유지해야 할 경영 이익을 지키지 못하는 문제점이 드러나고 있다.

이 책에서 사례로 언급되는 많은 자료는 출판계에서 보편화된 업무 프로세스는 아니다. 필자가 모 출판사 재직 당시 새로운 모델을 만들고 원가를 절감하기 위해 노력했던 결과들이 녹아 있으며, 또 다른 출판사로 이직해서는 경영 관점에서 좀더 세심한 이해와 분석을 통해 원가를 절감함으로써 기업의 이윤을 어떻게 해석하고 활용할지 고민한 결과물들이다.

이 글이 종이책을 만드는 출판 관계자 모든 분에게 적게나마 도움이 되었으면 하는 바람이 있다. 특히 그동안 출판경영과 원가분석이라는 주제로 함께 고민하고 논의해주었던 출판인, 제작처, 제작 관계자 등 수많은 지인들에게 감사를 표한다. 아울러 판매가 원활하지 않음을 알고도 출판계에서 이런 책 한 권 정도는 있어야 한다고 흔쾌히 허락해주신 한국출판마케팅연구소 한기호 소장님께 감사를 드리며, 쉽지 않은 내용을 좋은 책으로 만들어준 오효영 편집자에게 고개 숙여 감사드린다.

『만만한 출판제작』, 『출판 편집 강의』에 이어 졸저를 집필하는 데 적극적으로 응원해준 가족에게도 감사의 마음을 전한다.

2017년 2월

박찬수

차례

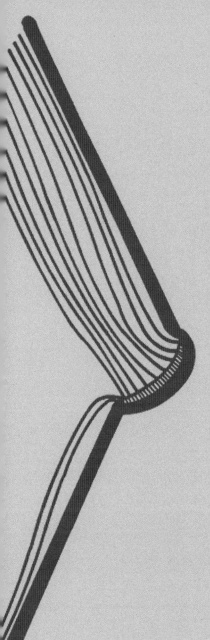

1장
국내 출판산업의 이해

국내 출판산업의 규모는 그리 거대하지도, 화려하지도 않다. 그렇다고 볼품이 없느냐 그렇지도 않다. 다만 선진국처럼 거대한 시장을 형성하고 있지는 않기에 내실 있는 콘텐츠 개발과 인력 양성을 기반으로 꾸준한 독자를 만들어가는 것이 무엇보다 중요하다. 많은 출판사가 독자 분석과 독자 비평에 대한 데이터가 부족함에도 독자를 위한 출판을 하고 있다고 강조한다. 독자들이 전혀 다른 것에 관심을 기울이고, 그것을 즐기고 있다는 사실을 출판인은 인지하지 못하고 있다. 설령 인지하더라도 금세 망각하는 듯하다.

1

국내 출판산업의 일반적 현상

『한국출판연감 2015』 자료에 따르면 "2014년 등록된 출판사는 47,226개사이고, 발행종수는 47,589종이며, 발행부수는 94,165,930부"로 전년 대비 증가한 수치이다. 1년에 한 권 이상의 도서를 출판하는 출판사는 대략 6,000여 개사 정도 된다고 한다.

2015년도 하반기 KPIPA 출판산업동향 자료를 보면 알 수 있듯이 1~5종 이상이 4,278개사, 6~10종 이상이 837개사, 11~30종 이상이 871개사, 31종 이상이 428개사이다. 출판산업을 학습지, 단행본, 만화, 잡지 등으로 세분화하면 실질적으로 전체 출판시장을 움직이고 있는 출판사는 그리 많지 않다. 이는 출판사 내부 구조를 이해할 수 있는 중요한 자료이기도 하다. 1년에 30종 이상의 도서를 발행한다는 것은 월 2.5권 이상을 출판하고 있고, 그에 따른 제반 비용이 지출되고 있으며, 출판 분야에 따라 다르겠지만 최소 매출액을 30억 원 정도 유지한다는 뜻이다. 그래야 원활한 경영과 재투자를 할 수 있다.

그렇다면 국내 서점 현황은 어떠할까? 2015년도 하반기 KPIPA 출판산업동향 자료를 보면 전국 서점 수는 2015년 기준 1,559개로 이는 한국서점조합연합회에서 격년제로 조사한 자료이다. 반면에 최근 독립 서점의 등장과 대형 서점의 지방체인화, 온라인 서점의 중고서점 진출에 대한 현상도 주의 깊게 판단해야 한다. 단순히 수치로만 보더라도 출판사 수와 서점 수가 현저하게 부족하다는 것을 알 수 있다.

초판 발행 부수를 분석해보면, 2014년 기준 평균 1,979부로 전년도 2,005부에 비해 줄어든 수치이며, 신간 발행 후 초판 배본에 대한 정확한 수치는 없지만 아동 출판물의 경우 초판 500부도 배본하기 어려운 실정이다.

출판산업계 내부적으로 나타나는 현상과 달리 독자는 어떠한 반응을 보이고 있을까? 통계청의 가계동향조사 자료를 재인용해보면 가구당 월평균 오락문화비 지출은 꾸준히 증가하고 있지만 오락문화비 항목 중 도서 구입비는 2010년 이후 지속적으로 감소하고 있다. 도서 구입비 지출은 2015년 1만 6,623원으로 2005년 2만 1,087원 대비 21.2퍼센트가 감소한 것으로 나타났다. 소득이 증가하면서 여행, 캠핑 등 야외 활동과 더불어 다른 문화 콘텐츠 소비는 지속적으로 증가하고 있지만, 널리 보급된 스마트 기기의 이용 시간이 증가하고 독서 시간과 종이책 선호도가 약해지면서 도서구입비는 하락세가 지속되고 있다.

출판계가 중요한 것을 간과하고 있는 대목이 이 부분이다. 2005년 오락문화비 지출 상위 그룹 순위를 보면 '도서＞문화 서비스＞운동 및 오락 서비스＞단체 여행비＞장난감 및 취미 용품' 순이었다. 2015

년도 동일한 자료를 보면 '문화 서비스〉단체 여행비〉운동 및 오락 서비스〉도서〉장난감 및 취미 용품' 순으로 바뀌었다.

소비자인 독자와 함께하는 출판산업을 제대로 형성했는지 되묻게 하는 통계이다. 출판산업은 일시적 현상을 나타내고 사라져버리는 소비성 물적 재화가 아니다. 독자와 한평생 함께하는 지적 재화이고 정신적 가치를 생산하는 분야이다.

출판산업 활성화에 역행하는 제도적·문화적 고질병이 사라지지 않고, 독자들의 관심 밖의 대상이 되어버린 출판계 현실을 지켜보면서 지금부터라도 독서 문화를 저해하는 출판 콘텐츠를 생산해서는 안 된다는 생각이 강하게 든다. 출판계 전체는 독자 개발에 온 힘을 쏟아야 하고, 책의 발견성을 강화하고, 독자와 연결하는 로드맵을 꾸준히 만들어가야 한다. 편집의 재해석을 통해 다양성을 제공하고, 디자인의 정체성을 재정립함으로써 콘텐츠 본질적 측면을 강화하고 강조해야 한다.

아울러 출판계와 연관된 모든 산업(서점, 도서관, 제지산업, 제작처 등)과 출판사 내부 구조적 시스템 등을 보완해서 체계적이고 일관성 있는 정책 등이 새롭게 만들어져야 한다. 모두가 협업하고 공존함으로써 상생하는 미래를 설계해야 한다.

2

국내 출판계 조직과 역할

국내 출판계를 대표하는 조직과 역할을 간략하게나마 이해할 필요가 있다.

1947년 3월 15일 창립된 대한출판문화협회는 가장 많은 출판사를 회원사로 두고 있으며, 납본 대행, 국내 및 해외 도서전 주관, 월간 〈출판문화〉 발행, 각종 세미나 등을 운영하고 있다. 또한 주간지 〈독서신문〉 창간(폐간), 〈독서새물결소식〉 발행(폐간), 이달의 청소년 도서 선정 사업, (재)한국출판연구소 설립, 편집인대학 개설(폐강), 한국 어린이도서상 제정(폐지) 등 많은 일을 했다.

1998년 12월 2일 창립된 한국출판인회의는 1998년 국내 최대 도매상 보문당이 부도나면서 생겨난 단체로 단행본 출판사 중심으로 구성된 조직이다. 대표적인 사업은 신규 인력 양성 훈련 일환으로 운영되는 '서울출판예비학교' 5개월 단기 교육과정으로, 출판편집자, 출판마케팅, 출판디자인 3개반으로 이루어져 있다. 또 재직자 직무 향상 교육으로 약 26개의 교육 프로그램이 운영되고 있다. 그 외 전자

출판진흥 사업, 국제교류 사업, 독서진흥 사업, 출판유통개선 사업 등 출판 현안과 이슈에 관련된 사안을 중점으로 다루고 있다.

2012년 7월 27일에는 정부 공식 기관으로 한국간행물윤리위원회를 확대 개편한 한국출판문화산업진흥원이 설립되었다. 주요 사업으로는 〈책&〉 발행, 독서 관련 방송 프로그램 지원, 문화복지 책나눔 지원, '이달의 읽을 만한 책' 선정, 청소년 권장도서 선정, 지역 서점 육성 지원, 출판 관련 지원, 출판물불법유통신고센터 운영, 세종도서(문학, 교양, 학술) 선정, 우수 출판 콘텐츠 발굴 및 제작 지원, 전자출판 관련 디지털북페어코리아 개최, 우수 콘텐츠 전자책 제작 지원, 국내 출판물 국외 진출 지원,『도서 저작권 수출 가이드북』발간, 글로벌 출판 한류 확산, 출판문화산업 인프라 구축, 독서문화 증진 등을 중점적으로 운영하고 있다.

그밖에도 (사)대한인쇄문화협회, (재)책읽는사회문화재단, (재)출판도시문화재단, (사)출판유통진흥원, (사)한국과학기술출판협회, (사)한국기독교출판협회, (사)한국대학출판협회, (사)한국전자출판협회, (사)한국중소출판협회, (재)한국출판문화진흥재단, 한국출판협동조합, (사)한국학술출판협회 등이 있다.

출판 관련 학회는 1969년 3월 17일 안춘근 등 여러 출판학자와 전문 출판인이 뜻을 합쳐 출판학 연구를 목적으로 발기, 같은 해 6월 22일 창립총회를 열어 한국출판학회로 발족해 현재까지 활동하고 있으며, 1990년 8월 18일 설립한 (사)출판문화학회와 1988년 한국전자출판연구회로 시작한 한국전자출판학회가 2003년 명칭을 변경해 지금까지 활동하고 있다.

출판 연구 기관으로는, 1986년 7월 15일 발족된 (재)한국출판연구소가 국내에서 유일했는데, 최근에 책과사회연구소, 한국출판저작권연구소 등이 새롭게 등장했다.

출판 관련 잡지를 보면, 우여곡절을 거쳐 현재 발행되고 있는 〈출판저널〉(출판저널문화미디어 발행), 〈기획회의〉(한국출판마케팅연구소 발행), 〈출판문화〉(대한출판문화협회 발행) 등이 대표적이다.

옥스퍼드대학출판부가 600년 역사를 바라보는 이 시점에 한국 출판사의 역사를 간략하게 보면, 동명사(1922), 명문당(1923), 장왕사(1945) 등 100년이 넘은 출판사는 거의 사라지고 있으며, 1945년도에 출판을 시작한 을유문화사, 학원사, 탐구당, 현암사 등이 그 뒤를 이어오고 있고, 1960년대 설립된 한림출판사, 범우사, 문예출판사, 민음사 등이 그 다음 세대이다. 국내 출판시장 점유율이 높은 출판사들은 대부분 1980년대 급속도로 등장했다. 역사는 그리 길지 않지만, 산업의 급성장과 동시에 성장한 것이다. 젊은 출판사들은 2000년대 초 온라인 시장의 등장과 함께 역동적으로 동반성장을 했다.

출판예비학교를 통해 신규 인력은 문제없이 양성되었으나 출판사 내부적으로 전문 인력을 양성하는 노력은 부족했다. 그로 인해 중소출판사, 독립출판 등의 다양한 형태가 등장했다. 이러한 출판사들을 만든 이들은 대부분 기존 출판사에서 오랜 경험을 축적한 전문 인력들이다. 결과적으로 출판사 내부적으로 전통과 역사를 전수해주는 전문가가 부족한 현상을 초래하고 되었고, 신규 인력 역시 현장에서 제대로 적응하지 못하는 부작용이 나타났다. 이는 출판사 내부의 조직 커뮤니케이션이 사라진 결과로 보인다.

필자가 대학생 때 〈출판문화〉 〈출판저널〉 〈한국출판학연구〉 〈출판연구〉에 게재된 가치 있는 글들을 읽으면서 출판을 좋아했던 순간을 잊지 못하는 이유도 이러한 아쉬움이 남아 있기 때문이다. 출판산업의 부흥을 위해서는 정책만이라도 하나 된 모습을 보여야 하고, 출판산업과 연관성이 높은 도서관, 서점 등과 연계해 출판 콘텐츠를 확산할 뿐 아니라, 독자를 위한다는 최우선 목표를 두고 출판산업을 활성화하는 데 노력을 게을리해서는 안 된다. 출판, 도서관, 서점, 독자가 함께하는 문화를 만들어야 한다.

출판산업의 중추적인 역할은 민간단체 중심으로 형성돼야 한다. 산업계 종사자들 스스로 기업 윤리와 미래 산업의 기대치를 만들어야 한다. 출판인이나 출판경영인 개개인은 자신의 여건에 부합된 한계치의 출판물을 생산해야 하고, 출판산업이 활성화될 수 있도록 아낌없이 협력하고 지원해야 한다. 현재 출판계가 처한 상황을 보면 정부 지원에 의존하려는 경향이 높다. 표면적으로는 아니라고 하지만 속내는 들여다보면 지원 사업에 한 권이라도 더 선정되기를 기대한다.

현재 우리는 독자 중심의 출판문화를 구축하지 못한 상태이다. 독서 인구를 출판계 스스로 만들어내야 할 중요한 책무가 있음에도 불구하고 정부 지원의 의존을 통해 출판산업과 출판경영을 유지하려는 경향이 높다. 독자를 배려하지 않고 출판사 중심의 콘텐츠를 생산하면 독자는 기다려주지 않는다. 현대는 다양한 정보와 재미가 넘쳐나는 시대이다. 이러한 미디어 산업은 더욱더 진화할 것이다. 그럼에도 불구하고 백년대계라는 교육보다 출판은 더 오랜 역사와 미래를 지탱해주는 중추적인 문화산업이다. 그 사실을 망각해서는 안 된다. 즉 일시적 산업 성장이 아닌 지속적 성장을 추구하는 노력이 필요하다.

정부 또한 다양한 정책 연구와 전문 인력을 양성하는 데 집중하고, 출판문화 산업 활성화에 도움이 되는 제도적 장치를 마련하는 노력을 아끼지 말아야 한다. 특히 타 산업과 연계하는 정치적 지도력을 발휘해야 한다. 출판산업은 출판인만의 공간이 아니다. 타자와 함께할 수 있는 공간이 되어야 한다.

3
국내 출판사 내부 구조

출판사 내부를 들여다보면 두 가지의 유형이 등장한다. 하나는 경영자가 편집적 경험이나 마케팅적 경험을 소유한 유형이다. 다른 하나는 경영자가 출판 분야에 전혀 문외한인 유형이다.

1인 출판사의 기준

출판사 현황을 좀더 실질적으로 파악해보면 생각보다 1인 출판사가 많이 운영되고 있다. 그런데 1인 출판사의 기준은 무엇일까? 1명으로 이루어진 출판사일까, 극소수 인원이 근무하는 곳을 지칭할까? 1인 출판사가 무엇인지 국어사전에 언급되지 않았기에 필자가 임의로 해석하고자 한다.

1인 출판사는 3인 이하 직원이 근무하는 곳을 의미한다. 세부적으로 사례를 나열해보면 다음과 같다.

- 1인 : 대표(대표, 편집자, 마케터, 경리, 제작 등)

- 2인 : 대표(편집자, 제작, 경리 겸임), 마케터
- 2인 : 대표(마케팅, 제작, 경리 겸임), 편집자
- 3인 : 대표(제작, 경리 겸임), 편집자, 마케터

1인 출판사도 경영을 해야 한다. 투자 금액 대비 매출이 발생하고, 제반 경비를 제외한 수익을 창출해야 한다. 대표적인 사례로 본인이 살고 있는 집에서 출판사를 운영할 경우 출판사는 본인에게 일정한 금액(전세금, 월세 등)을 지출해야 한다. 당연히 이 금액은 매출액에서 공제해야 한다.

중소형 출판사의 기준

1인 출판사와 달리 중소형 출판사는 4인 이상을 기준으로 해석하는 것이 적절하지 않을까 생각한다. 출판 프로세스를 정상적으로 수행할 수 있는 시스템을 갖추는 최소 인원을 고용해서 각자의 역할을 수행한다.

- 4인 : 대표, 편집자, 마케터, 디자이너
- 4인 : 대표, 편집자, 마케터, 경영지원
- 5인 : 대표, 편집자, 마케터, 디자이너, 경영지원

1인 출판사 또는 중소형 출판사를 군소 출판사라고 표현하기도 한다. 출판에서는 규모의 문제보다는 개개인의 역할과 역량이 더 중요

하다. 규모가 작다고 해서 출판하는 데 어려움이 있는 것은 아니다. 반면에 규모가 크다고 해서 모두 출판이 잘되는 것도 아니라는 사실을 우리는 이미 잘 알고 있다.

중소형 출판사의 재무 구조를 보면 대표이사 본인의 급여를 정확하게 책정하지 않고, 매출 정도에 따라 그때그때 상황에 따라 가져가기 때문에 지급되는 금액의 편차가 심하다. 매출액에 따라 일정 금액을 산정하고 만약 매출이 여의치 않아서 지급하지 못할 경우 미지급으로 기록해야 한다. 이는 매출이 좋아지면 그동안의 미지급분을 지급해야 하고, 만약 출판사를 매각하거나 합병할 경우 비용 정산에서 근거가 되는 중요한 자료로 활용되기 때문이다.

결국은 경영이다. 매출 대비 지출에 대한 계획이 설정되어야 하고, 이익은 어느 정도로 설정해야 할지 매번 고민해야 하며, 새로운 콘텐츠 개발과 조직 구성원의 복지 환경 개선을 위한 투자는 어떻게 할 것인지 고민하며, 좋은 인재를 양성하기 위해 효과적인 투자를 실행하는 것이 중요하다. 그래서 경영은 자신과의 싸움이다.

중대형 출판사의 기준

기본적으로 대표, 임원진, 각 부서별 책임자, 분야별 관리자, 실무형 경력자, 사원 등으로 구성되어 있으며, 출판사 규모에 따라 외주 작업을 의뢰하는 경우도 많다. 한 부서에 1~4명까지 배치해 근무하는 출판사도 있다. 출판사 특성상 가장 많은 인원을 구성하고 있는 부서는 첫째 기획편집, 둘째 마케팅, 셋째 디자인 등의 순으로 되어 있다.

출판사 구성원의 대부분이 경력자이고 전문가로 구성되어 있다. 가장 핵심은 경영자의 경영철학이다. 경영자가 좋은 출판물을 만들고, 출판문화 활성화에 적극적으로 참여하느냐, 자신의 경제적 이익을 목적으로 출판사를 운영하느냐에 따라 출판사 내부 시스템은 전혀 다른 형태로 움직인다.

국내 출판사는 규모가 크든 작든 독특한 시스템을 유지하고 있다. 이런 현상은 한국만의 시스템인지도 모른다. 출판사마다 지배 구조도 다르고, 조직 내부 의사소통 방식도 다르며, 출판사 간 유사 콘텐츠별 공동 전략도 없고, 합병도 쉽지가 않다.

출판경영에서 1인 출판사 또는 중소형 출판사는 시쳇말로 몸으로 때우는 경영을 하고 있다. 어렵게 성장을 하다 보니 분배라는 개념이 출판경영에 도입되지 못하고 있는 것으로 판단된다. 즉 출판사를 사유하고 있다는 생각이 강하다 보니 분배의 확장성이 떨어진다. 넓은 의미의 경영구조를 갖추고 있는 몇몇 출판사는 규모가 작아도 알차게 운영되고 있다. 따라서 분배의 개념이 좀더 보완되어야 하고, 독자 중심으로 출판경영이 이루어져야 한다.

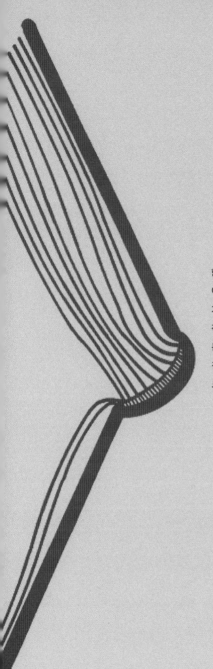

2장
출판물 원가계산 및 손익분기 부수

한 권의 도서를 기획해서 편집·디자인·제작 공정을 통해 독자에게 공급하는 과정에서 적절한 원가가 반영되었는지, 손익분기 부수는 파악하고 있는지, 초판과 재판의 발행 부수 결정은 적절했는지, 원가 책정에 따른 정가 결정은 적절했는지 등 모든 항목을 세부적이고 구체적으로 적용해 정확하고 합리적인 결정을 내려야 한다. 또한 그 과정과 결정에 출판사 내부적으로 구성원 모두가 공감해야 한다.

1

이익을 낸다는 것은?

출판사는 지식 콘텐츠를 활용해 이익을 도모하는 기업이다. 도서가 특정 기간에 많이 팔리면 이윤이 많으리라고 인식하는데, 실질적으로 출판산업의 역사를 보면 꾸준한 판매를 유지하는 것이 기업의 생명력도 유지되고, 출판사 내부적으로 인적 구성원을 운영하는 데 안정적이며 효과적이다. 어느 한 가지를 잘해서 이윤을 내는 것은 아니다.

책을 많이 파는 것

아마도 이윤을 내기 위한 가장 효과적인 방법일 것이다. 그렇지만 모든 도서가 많이 판매되지는 않는다. 많이 팔아도 이익이 나지 않은 도서가 있고, 적게 팔아도 많은 이익을 내는 도서도 있다. 많이 팔리는 책, 꾸준히 팔리는 책 등 다양한 도서를 얼마나 균형 있게 보유하고 있느냐가 중요하다.

적정 재고를 관리하는 것

신간 도서의 초판 제작 부수를 신중하게 결정하는 것이다. 어떠한 생산물이든 보관 기간이 있다. 출판물의 경우 초판이든 재판이든 1년 이내에 판매하는 것을 목표로 재고 관리를 해야 한다. 도서 판매 현황을 보면 1년에 적게는 500부에서 많게는 수 만 부 또는 수십 만 부가 판매된다. 과다한 재고를 보유하고 있다면 그만큼 재고 관리가 적정하게 되지 않고 있는 것이며, 그에 따라 비용도 지속적으로 지출된다. 특히 반품 도서의 경우 분류, 재생, 폐기 등 신속한 처리를 통해 출판 물류 관리를 효율적으로 운영해야 한다.

일관성 있는 공급률을 적용하는 것

한 권의 도서에 대한 원가분석에서 가장 중요하게 고민되는 부분이다. 통상적으로 출판물을 유통하는 과정을 보면 도매, 총판, 소매, 납품 등으로 이루지고 있다. 이 과정에서 거래처별, 도서 형태에 따라 공급률이 다르다. 출판사 내부적으로 일관성 있게 적용하지 못하고, 상황에 따라 공급률을 달리 적용하고 있다. 이로 인해 출판물 출고 과정에서 문제가 발생하고, 반품 과정에서 정확성 떨어지고, 물류 업체에서도 혼란을 야기되는 경우가 많다. 혼란이 해결되지 않으면 결국 출판사와 거래처 간에 장부를 대조하게 되는데, 숫자가 맞지 않아 서로 일정 금액을 조정하는 결과를 초래한다.

수금 관리를 잘하는 것

거래처로부터 수금할 때 어음 결재와 현금 결재 중 어떠한 방식으로 운영하느냐에 따라 출판사 내부적으로 예측 가능한 경영을 할 수 있다. 현재 문방구 약속어음, 타수어음, 자가어음 등이 여전히 통용되고 있는데, 언제까지 발행될지 미지수이다. 투명한 거래 관계를 형성하는 것이 바람직한 경영이다. 한 권의 도서가 출고되어 판매되었을 때 판매분에 대한 결재, 파손분에 대한 반품, 재고에 대한 한도 등 거래처의 입장과 출판사의 입장이 실현 가능하고 공감할 만한 합의를 통해 이루어져야 한다.

어느 기업이든 제품을 생산하거나 판매해서 얻은 이익으로 경영을 유지하는 것이 목적이다. 그 금액이 많든 적든 지정된 날짜에 변함없이 지불하는 것이 바람직한 경영이다. 앞으로는 거래처 부도로 인해 발행된 어음이 휴지 조각으로 변질되는 일은 없어야 할 것이다. 독자는 현금으로 도서를 구매한다는 사실을 잊어서는 안 된다. 그리고 출판사는 거래처(제작처, 저자, 외주 작업자 등) 지급을 어떠한 경우에라도 미루어서는 안 된다.

외부 지출 비용에 대한 기준안을 만드는 것

출판 프로세스를 보면 다양하고 복잡한 행정이 많다. 인세, 제작처, 교정교열자, 외주 편집자, 외주 디자이너, 일러스트 작업 등 수많은 업무를 외부에 의탁하게 된다. 문제는 출판사 내부적으로 기준안을 마련해 운영하고 있느냐 하는 것이다. 저자 인지도, 원고의 형태, 출판사 재무 구조 등을 감안한 인세를 지급하고 있는지, 제작비는 공정별·거래처별로 출판사 내부 기준안이 마련되어 있는지 점검하고 매뉴얼을 만들어두어야 한다. 그렇게 하지 않으면 조직 구성원의 변화가 있을 때마다 지급 기준이 달라지고, 그 결과 원가분석을 정확하게 해내지 못하는 결과를 초래한다.

조직 구성원을 관리하는 것

아마도 가장 중요하게 생각하고 관리해야 하는 대상이 아닌가 한다. 조직 구성원 관리 능력이 제대로 작동하고 있어야 한다. 현재 국내 출판계는 생각보다 심각하게 빈번한 이직, 조직 구성원의 전문성과 책임감 부여 부족, 조직 구성에 따른 업무 분담이 체계적으로 이루어지지 않고 있다.

무엇보다도 조직 구성원의 노력과 역할에 따라 이윤이 발생한다는 인식이 필요하다. 출판사가 추구하는 출판 분야를 어떻게 설정하고, 이에 따라 어떠한 편집과 디자인과 마케팅을 할지 그리고 조직 구성원은 어떻게 편재할지 진지하게 고민하고 점검해야 한다. 그래야 무엇으로 이윤을 창출할 수 있는지 답이 보일 것이다.

2

정확한 원가산출이 필요한 이유

모든 출판물은 원가가 다르다

어떠한 출판물이든 낱권은 물론이고 전집, 시리즈라 할지라도 각 권마다 제작 비용은 다르다. 각 권마다 교정교열비, 인세, 로열티, 편집비, 제작비, 번역비 등에서 다른 단가가 적용되기 때문이다. 그 이유는 출판사마다 제반 공정에 따라 지출되는 비용 지급 규정이 다를 테고, 각 권의 도서 형태와 구성 요소도 다르기 때문이다. 초판과 달리 재판 과정에서 변경되는 요소에 따라 원가가 달라질 수도 있다.

제작 공정별로 제작비가 변동된다

제작비 중에서 가장 변동이 심한 것은 용지값이다. 일차적으로 도서별 원가분석에서 용지값은 제지 회사에서 고시한 단가로 분석해야 한다. 어떤 종이를 사용할지와 관련해 출판사 내부에서 편집자와 경영자가 각자 다른 의견을 제시하는 경우가 많은데, 원칙은 고시가를 기준으로 원가분석을 해야 한다는 것이다.

출판물에 사용되는 용지는 유가 변동, 내수시장 침체, 재고 과다 보유 등 여러 가지 이유로 할인율 변동이 심하다. 할인율도 현금으로 결재할 때와 어음으로 결재할 때 적용되는 퍼센트가 다르다. 예를 들면 80그램 미색모조지를 사용하는데 동월 15일에 제작하는 도서는 30퍼센트 할인가로 사용하고, 20일에 제작하는 도서는 35퍼센트 할인가로 사용하는 경우도 있다. 초판의 경우 표지 용지를 수입지로 했지만 재판에서는 아트지로 변경하는 경우, 본문의 경우 100그램 미색모조지에서 80그램 미색모조지로 변경되는 경우, 표지 디자인 변경으로 책등 사이즈가 달라지면서 표지 출력을 다시 했을 때 발생하는 비용 등을 점검해야 한다.

특히, 신간 도서를 발행할 때 주의해야 한다. 제작 공정 과정에서 생길 만한 사고는 당연히 사전에 방지해야 하지만 부득이하게 사고가 발생했을 경우 관련된 비용을 적용해서 재분석해야 한다. 제작 과정에서 발생하는 비용도 있을 테고, 제작이 완료된 이후에 발생하는 비용도 있다.

재판 제작에는 변수가 많다

무엇보다 중요한 것은 초판을 제작할 때 반드시 재판 원가도 분석해야 한다는 점이다. 초판에 대한 손익분기 부수도 중요하지만 재판 제작 부수를 예측하는 것도 중요하다. 이를테면 500부, 700부, 1,000부, 2,000부 등 최소 부수에 대한 분석과 예측을 하는 것이다. 초판은 결정된 부수를 제작하겠지만 재판은 변수가 많다. 재판은 대량으로도

도서별 손익분기 분석

기초사항 도서명:

판쇄	1판 1쇄	예상매출액	11,550,000	
수량	1,100	손익분기_매출액	12,272,795	
정가	15,000	예상손익	(722,795)	-6.26%
할인율	70%	인세 10.00%	1,650,000	14.29%
매가	10,500	광고비	693,000	6.00%
손익분기부수	1,169	일반관리비	1,848,000	16.00%
권당공헌이익	-657	물류비	693,000	6.00%

구분사항

구분	계열	쪽수	용지	정미	인쇄도수 (원,별,배,형)	가로	세로
본문	국전16 절	272 쪽	80미색 /국전	18.7	4 도 1,1,0,0/1,1,0,0	150	225
면지	46전16 절	4 쪽	120밍크C군 /46전	0.3	0 도 0,0,0,0/0,0,0,0		
표지	46횡전6 절	2 쪽	250스노우 /46횡전	0.4	4 도 4,0,0,0/0,0,0,0		

No	공정	구분	계열	수량	단가	금액	비고	%
1	인디고		/	1	2,000	2,000	표지	0.02%
2	표지이미지		/	3컷	40,000	120,000		1.14%
3	본문 삽화		/	45컷	40,000	1,800,000		17.14%
4	디자인		/	272p	9,191	2,500,000		23.81%
5	용지	본문	/	21.25연	37,690	800,912	80미색/국	7.63%
6	용지	면지	/	0.52연	178,510	92,825	120밍크C군/46	0.88%
7	용지	표지	/	0.55연	170,000	93,500	250스노우/46횡	0.89%
10	CTP소부	본문	국/ 1	8대 * 4도	8,000	256,000	터잡기:머리맞추기	2.44%
11	CTP소부	본문	국/ 1	1대 * 4도	8,000	32,000	돈땡/터잡기:머리맞추기	0.30%
12	인쇄	본문	국/ 1	18연* 6도	3,600	388,800	/8대/별색지정	3.70%
13	인쇄	본문	국/ 1	2연* 6도	3,600	43,200	돈땡/0.5대/별색지정	0.41%
18	CTP소부	표지	46/ 2	1대 * 4도	8,000	32,000		0.30%
19	인쇄	표지	46/ 2	1연* 4도	8,000	32,000	/0.3333대	0.30%
20	코팅	표지	46/ 2	0.37연	55,000	20,350	라미유단면	0.19%
21	패턴 판		/	1	50,000	50,000		0.48%
22	패턴에폭		/	1	250,000	250,000	브리다패턴 (탈+타이틀빠짐)	2.38%
23	제본_무선		/	1100부	185	203,500	/좌철/2+2	1.94%
	소계	6,717,087	부가세	671,708	직접비총계		7,388,795	63.97%

[도표 1] 초판 원가분석

도서별 손익분기 분석

작성일 : 2012-08-01

기초사항

도서명:

판쇄	재판		예상매출액	10,500,000	
수량		1,000	손익분기_매출액	6,708,215	
정가		15,000	예상손익	3,791,785	36.11%
할인율		70%	인세 10.00%	1,500,000	14.29%
매가		10,500	광고비	630,000	6.00%
손익분기부수		639	일반관리비	1,680,000	16.00%
권당공헌이익		3,792	물류비	630,000	6.00%

구분사항

구분	계열	쪽수	용지	정미	인쇄도수 (원,별,배,형)	가로	세로
본문	국전16절	272쪽	80미색/국전	17.0	4 도 1,1,0,0/1,1,0,0	150	225
면지	46전16절	4쪽	120밍크C군/46전	0.3	0 도 0,0,0,0/0,0,0,0		
표지	46횡전6절	2쪽	250스노우/46횡전	0.3	4 도 4,0,0,0/0,0,0,0		

No	공정	구분	계열	수량	단가	금액	비고	%
1	용지	본문	/	19.25연	37,690	725,532	80미색/국	7.60%
2	용지	면지	/	0.28연	178,510	49,982	120밍크C군/46	0.52%
3	용지	표지	/	0.58연	170,000	98,600	250스노우/46횡	1.03%
6	CTP소부	본문	국/1	8대 * 4도	8,000	256,000	터잡기:머리맞추기	2.68%
7	CTP소부	본문	국/1	1대 * 4도	8,000	32,000	돈땡/터잡기:머리맞추기	0.34%
8	인쇄	본문	국/1	16연 * 6도	3,600	345,600	/8대/별색지정	3.62%
9	인쇄	본문	국/1	1연 * 6도	3,600	21,600	돈땡/0.5대/별색지정	0.23%
14	CTP소부	표지	46/2	1대 * 4도	8,000	32,000		0.34%
15	인쇄	표지	46/2	1연 * 4도	8,000	32,000	/0.3333대	0.34%
16	코팅	표지	46/2	0.34연	55,000	18,700	라미유단면	0.20%
17	패턴에폭		/	1	250,000	250,000	브리다패턴 (탈+타이틀빠짐)	2.62%
18	제본_무선		/	1000부	200	200,000	/좌철/2+2	2.10%
	소계	2,062,014	부가세	206,201	직접비총계		2,268,215	21.60%

[도표 2] 재판 원가분석

제작할 수 있고, 소량으로도 제작할 수 있기 때문이다. 아니면 절판하는 경우도 있다. 현재의 출판산업 구조로 보면 발행일이 오래되었거나 판매되지 않은 도서들은 품절 또는 절판시키는 경우가 늘고 있는 듯하다.

초판 판매가 완료되고 재판을 발행할 경우 반드시 원가분석을 해야 한다. 용지 변경, 본문 추가, 띠지, 커버, 엽서, 스티커, 제책 방식 등 제작 변경 사항을 꼼꼼하게 점검해야 한다. 특히 납품을 할 경우 공급률, 제작 기법 등에 따른 변수가 많기 때문에 반드시 재판을 제작할 경우 원가분석을 해야 한다.

더불어 점검해야 할 것은 물류에 보관하고 있는 적정 재고를 판단하는 것이다. 모든 도서는 기본적으로 1년 정도 재고를 보관한다고 예측하고 제작해야 한다. 1년에 200부를 판매하는데 절판할 수 없는 도서가 있다면 2년 보관분으로 500부를 제작하고 정가를 인상하는 등의 다양한 방안을 검토해야 한다.

3
매출 이익을 통해 예측 가능한 경영

출판사는 초판 발행 부수와 재판 발행 부수에 따라, 또한 판매가 어떻게 되었느냐에 따라 발생하는 이익을 예측해서 경영을 한다.

예를 들면 초판 제작을 2,000부 하는데 서점 출고는 300부 한다고 가정할 때 남은 재고 1,700부는 언제까지 판매해서 이익을 창출해야 하고, 만약에 재고로 남을 경우 언제까지 보관할지 섬세하게 분석하고 예측해야 한다. 그래서 초판 제작 부수에 대한 판매 주기를 분석하고 예측하는 것은 무엇보다 중요하다.

초판 제작 부수 대비 판매 부수를 어떻게 분석할 것이며, 재판 도서의 경우 어떻게 적정 재고를 유지하면서 반품 도서 없이 지속적인 판매에 의해 매출 이익을 만들어낼 것인가가 관건이다. 특히 초판의 경우 판매 주기를 어떻게 예측할 것인가가 문제인데, 3개월, 6개월, 9개월, 12개월 등 판매 주기를 짧게 두고 예측하는 편이 좋다. 그러나 현실은 뜻대로 되지 않는다. 그래서 다시 강조하지만 물류 보관 적정 재고를 유지하는 것이 중요하다. 그중에 정품 재고와 반품 재고를 효율적으로 관리하는 것이 핵심이다.

출판사는 매년 사업 계획을 수립할 때 신간 매출과 구간 매출에 의해 매출 목표와 수금 목표를 세운다. 매출 목표액을 기반으로 제작비, 인건비, 인세 등을 지출하게 된다. 그렇기 때문에 신간 도서와 구간 도서의 발행과 판매가 정상적으로 목표 대비 원활하게 실행되었느냐가 중요하다.

출판사는 매출 이익을 통해 좋은 원고를 개발하는 것을 기본으로 하고, 조직 구성원, 저자, 거래처 등에 지출되는 제반 비용을 효율적으로 운영해야 한다. 특히 출판사는 독자와 유기적인 관계를 어떻게 형성하고 서로 얼마나 공감하느냐에 따라 매출이 형성된다. 출판사는 기본적으로 좋은 책으로 매출을 만들지만 좋은 조직으로도 매출을 만들어내는 것이다.

강조하자면 인세, 인건비, 제작비, 기획비, 복지비, 예비비 등 체계적 예산 관리 시스템을 도입하지 않으면 낙후된 출판사 경영구조에서 벗어나지 못할 것이다.

4
적절한 제작 부수

출판물 제작 과정에서 가장 신중하게 판단해야 할 사항이 판매 가능한 부수를 예측해내는 것이다.

[도표 3]은 초판 5,000부에 대한 원가분석 및 손익분기 부수를 파악하기 위해 만든 자료이다. 직접비와 간접비를 정상적으로 적용해서 제작했을 경우 투자비용 대비 손익분기 부수가 어느 정도인지 분석했다. 손익분기 부수를 분석할 때에 출판물 제작 공정별로 비용이 어떻게 적용되었는지 한눈에 볼 수 있어야 하고, 불필요하거나 과다한 비용을 적용하지 않았는지 살펴봐야 한다.

1. 원가절감을 위해 제작 부수를 늘리면서 제작비(인쇄비, 제책비 등)는 절감되었는지 모르겠지만 물류비에서 반품과 보관에 따른 비용이 발생하지 않았는지 점검하고 만약 발생했을 경우 어떻게 극복할지 사전에 예측해야 한다.

2. 제작비에서 가장 많은 부분에 비용을 지급하고 있는 용지값을 포함해 제반 제작비를 사전에 지급함으로써 발생하는 선투자에

도서별 손익분기 분석

기초사항

도서명:

판쇄 1판 1쇄		예상매출액	51,000,000	
수량	5,000	손익분기_매출액	49,823,011	
정가	17,000	예상손익	1,176,989	2.31%
할인율	60%	인세 7.00%	5,950,000	11.67%
매가	10,200	광고비	2,550,000	5.00%
손익분기부수	4,885	일반관리비	8,160,000	16.00%
권당공헌이익	235	물류비	2,550,000	5.00%

구분사항

구분	계열	쪽수	용지	정미	인쇄도수 (원,본,베,형)		가로	세로
본문	국횡전8절	96쪽	150스노우/국횡전	60.0	8 도	4,0,0,0/4,0,0,0	210	260
표지	46횡전4절	2쪽	150아트지/46횡전	2.5	4 도	4,0,0,0/0,0,0,0		
합지	국횡전12절	4쪽	합지1600/46전	1.7	0 도	0,0,0,0/0,0,0,0		
면지	국횡전8절	4쪽	150스노우/국횡전	2.5	8 도	4,0,0,0/4,0,0,0		

No	공정	구분	계열	수량	단가	금액	비고	%
1	도판비		/	1	3,000,000	3,000,000	54컷+중개료 컷당50,000원	6.47%
2	스캔비		/	1	650,000	650,000	한국 커뮤니케이션	1.40%
3	교정지		/	1	320,000	320,000	본문4대+표지	0.69%
4	필름 출력		/	1	982,000	982,000	본문6대+면지1대+표지	2.12%
5	벽화 모사		/	1	3,600,000	3,600,000		7.76%
6	디자인		/	1	8,994,810	8,994,810		19.40%
7	글		/	1	1,500,000	1,500,000	매절 /	3.24%
8	용지	본문	/	63연	67,800	4,271,400	150스노우/국횡	9.21%
9	용지	표지	/	3연	97,600	292,800	150아트지/46	0.63%
10	용지	면지	/	3연	67,800	203,400	150스노우/국횡	0.44%
11	용지	합지	/	0.79연	640,000	505,600	합지1600/46	1.09%
12	소부	본문	국/1	6대＊8도	7,000	336,000		0.72%
13	인쇄	본문	국/1	60연＊8도	1,650	792,000	/6대	1.71%
14	소부	면지	국/1	1대＊4도	7,000	28,000		0.06%
15	인쇄	면지	국/1	2.5연＊4도	3,150	31,500	/0.25대/돈땡	0.07%
16	소부	표지	46/2	1대＊5도	7,000	35,000		0.08%
17	인쇄	표지	46/2	2.5연＊5도	8,000	100,000	/0.5대	0.22%
18	코팅	표지	46/2	2.5연	55,000	137,500	라미유단면	0.30%
19	제본_각양장		/	5000	410	2,050,000	좌철/사철/앞면지개별,뒷면지제물	4.42%
20	제본_각양장		/	1	0	0	연결그림있음 주의	0.00%
	소계	27,830,010	부가세	2,783,001	직접비총계	30,613,011		60.03%

[도표 3] 초판 5,000부 손익분기 부수 분석 자료

대한 비용 부담을 감안해야 한다.

3. 도서가 판매되지 않아 장기간 보관 형태로 보유할 경우 본문이 변색되거나, 표지가 달라붙는 현상이 발생하며, 이처럼 판매가 불가능한 도서를 보관하는 것은 불필요한 지출이므로 신속히 폐기하는 게 좋다.

4. 핵심은 한 권의 도서에 투입되는 비용 대비 손익분기 부수를 파악하고, 실제 판매 가능한 부수를 예측하고, 재판을 제작할 때 제작 부수를 예측해내는 출판사 내부 시스템이 더 중요하다는 것이다. 과거에는 재고를 보유하고 있으면 시간이 지나도 판매되기도 했지만, 현재의 출판시장은 신간 중심으로 형성되어 있기 때문에 초판 이후 판매 부수를 예측하기는 쉽지가 않다.

[도표 4]는 현실적으로 판매 가능한 제작 부수를 적용해서 만든 원가분석 및 손익분기 부수 자료이다. 초판에서는 이익이 발생하지 않더라도 현실적으로 판매 가능한 부수를 적용해서 원가분석을 하고, 그에 따른 이익과 손실이 어떻게 나타나는지 분석·예측해서 제작 부수를 결정해야 한다.

1. 한 권의 도서를 출판하는 데 초판 제작 부수에 대한 원가분석을 하면서 실제로 지급되는 제반 비용을 적용한 가장 기초적인 자료를 만들어내는 것이 중요하다. 직접비 가운데 공정별 누락된 지출 항목이 없는지, 간접비 적용에서 누락된 것은 없는지 세심하게 확인해야 한다.

도서별 손익분기 분석

기초사항

도서명:

판쇄	1판 1쇄	예상매출액	20,570,000	
수량	2,200	손익분기_매출액	34,378,685	
정가	17,000	예상손익	(13,808,685)	-67.13%
할인율	55%	인세 7.00%	2,618,000	12.73%
매가	9,350	광고비	1,028,500	5.00%
손익분기부수	3,677	일반관리비	3,291,200	16.00%
권당공헌이익	-6,277	물류비	1,028,500	5.00%

구분사항

구분	계열	쪽수	용지	정미	인쇄도수 (원,별,배,형)	가로	세로
본문	국횡전8 절	96 쪽	150스노우 /국횡전	26.4	8 도 4,0,0,0/4,0,0,0	210	260
표지	46횡전4 절	2 쪽	150아트지 /46횡전	1.1	4 도 4,0,0,0/0,0,0,0		
합지	국횡전12 절	4 쪽	합지1600 /46전	0.7	0 도 0,0,0,0/0,0,0,0		
면지	국횡전8 절	4 쪽	150스노우 /국횡전	1.1	8 도 4,0,0,0/0,0,0,0		

No	공정	구분	계열	수량	단가	금액	비고	%
1	도판비		/	1	3,000,000	3,000,000	54컷+중개료 컷당50,000원	16.04%
2	스캔비		/	1	650,000	650,000	한국 커뮤니케이션	3.48%
3	교정지		/	1	320,000	320,000	본문4대+표지	1.71%
4	필름 출력		/	1	982,000	982,000	본문6대+면지1대+표지	5.25%
5	벽화 모사		/	1	3,600,000	3,600,000		19.25%
6	디자인		/	1	8,994,810	8,994,810		48.10%
7	글		/	1	1,500,000	1,500,000	매절 /	8.02%
8	용지	본문	/	31연	67,800	2,101,800	150스노우/국횡	11.24%
9	용지	표지	/	1.75연	97,600	170,800	150아트지/46횡	0.91%
10	용지	면지	/	1.5연	67,800	101,700	150스노우/국횡	0.54%
11	용지	합지	/	0.79연	640,000	505,600	합지1600/46	2.70%
12	소부	본문	국 / 1	6대 * 8도	7,000	336,000		1.80%
13	인쇄	본문	국 / 1	26.4연 * 8도	3,150	665,280	/6대	3.56%
14	소부	면지	국 / 1	1대 * 4도	7,000	28,000		0.15%
15	인쇄	면지	국 / 1	1.1연 * 4도	3,150	13,860	/0.25대/돈땡	0.07%
16	소부	표지	46 / 2	1대 * 5도	7,000	35,000		0.19%
17	인쇄	표지	46 / 2	1.1연 * 5도	8,000	44,000	/0.5대	0.24%
18	코팅	표지	46 / 2	1.1연	55,000	60,500	라미유단면	0.32%
19	제본_각양장		/	2200	410	902,000	좌철/사철/앞면지개별,뒷면지제물	4.82%
20	제본_각양장		/	1	0	0	연결그림있음 주의	0.00%
	소계	24,011,350	부가세	2,401,135		직접비총계	26,412,485	128.40%

[도표 4] 초판 2,000부 손익분기 부수 분석 자료

2장 | 출판물 원가계산 및 손익분기 부수 41

2. [도표 5]에서 보듯이 초판 제작 부수에 대한 원가분석 자료와 달리 재판 제작 과정에서 동일한 2,000부를 제작했을 경우 적절한 손익분기 부수가 만들어졌는지 확인해야 한다. 만약 미흡한 분석 자료가 만들어졌을 경우 그대로 인정할지, 다른 항목을 수정해서 보완 대체할지 출판사 내부적으로 의논해야 한다.

재판 제작 과정에서 특히 중요한 것은 손익분기 부수 5,000부에서 나타난 이익에서 손실로 발생한 금액을 메울 수 있는 이익이 발생했는지에 대한 점검이다. 혹은 2,000부 초판 제작에서 나타난 이익 중 손실로 발생했던 금액을 보전해야 한다. 그것을 현실적으로 재판에서 바로 해결할 수 있는지 아니면 몇 번의 재판 과정을 거쳐 해결할 수 있는지 인지해야 한다.

3. [도표 6]은 1,000부를 재판했을 경우 예측해보는 원가분석 자료이다. 그래서 초판 제작 부수와 재판 제작 부수가 달라질 수 있다는 것을 분명히 알아야 한다. 재판 2,000부에서 나타난 이익보다 현저히 낮은 금액으로 나타났다. 만약 매년 1,000부씩 4~5년 동안 제작한다면 그만큼 이익을 내는 데 더뎌질 것이다.

4. 투자비용 대비 수익을 창출하는 총 판매 부수에 대한 예측뿐만 아니라 실제 과정에서 발생하는 변수에 대해서도 충분히 고민해야 한다. 늘 원가분석이 필요하며, 손익분기 부수를 정확하게 설정하고, 초판과 재판 제작 부수를 정교하게 예측해서 결정하는 것이 바람직하다. 제작 부수가 정가 결정과 매출, 물류비, 이윤 등에 복합적으로 영향을 미치기 때문이다.

도서별 손익분기 분석

작성일 : 2010-08-30

기초사항

도서명:				
판쇄	1판 3쇄	예상매출액	18,700,000	
수량	2,000	손익분기_매출액	12,210,678	
정가	17,000	예상손익	6,489,322	34.70%
할인율	55%	인세 7.00%	2,380,000	12.73%
매가	9,350	광고비	935,000	5.00%
손익분기부수	1,306	일반 관리비	2,992,000	16.00%
권당공헌이익	3,245	물류비	935,000	5.00%

구분사항

구분	계열	쪽수	용지	정미	인쇄도수 (원,별,배,형)	가로 세로
본문	국횡전8절	96쪽	150스노우 /국횡전	24.0	8 도 4,0,0,0/4,0,0,0	210 260
표지	46횡전4절	2쪽	150아트지 /46횡전	1.0	4 도 4,0,0,0/0,0,0,0	
합지	국횡전12절	4쪽	합지1600 /46전	0.7	0 도 0,0,0,0/0,0,0,0	
면지	국횡전8절	4쪽	150스노우 /국횡전	1.0	8 도 4,0,0,0/4,0,0,0	

No	공정	구분	계열	수량	단가	금액	비고	%
1	용지	본문	/	27연	67,800	1,830,600	150스노우/국횡	10.77%
2	용지	표지	/	1.5연	97,600	146,400	150아트지/46횡	0.86%
3	용지	면지	/	1.5연	67,800	101,700	150스노우/국횡	0.60%
4	용지	합지	/	0.72연	704,000	506,880	합지 1600/46/1100 *830	2.98%
5	소부	본문	국/1	6대 * 8도	7,000	336,000		1.98%
6	인쇄	본문	국/1	24연* 8도	3,150	604,800	/6대	3.56%
7	소부	면지	국/1	1대 * 4도	7,000	28,000		0.16%
8	인쇄	면지	국/1	1연* 4도	3,150	12,600	/0.25대/돈땡	0.07%
9	소부	표지	46/2	1대 * 5도	7,000	35,000		0.21%
10	인쇄	표지	46/2	1연* 5도	8,000	40,000	/0.5대	0.24%
11	코팅	표지	46/2	1연	55,000	55,000	라미유단면	0.32%
12	제본_각양장		/	2000부	410	820,000	좌철/사철/앞면 지개별/뒷면지 제물	4.82%
13	제본_각양장		/	1	0	0	연결그림있음 주의/간지삽지	0.00%
14	제본_각양장		/	1	0	0	스티커부착(2 종)표1좌측하단	0.00%
소계	4,516,980	부가세	451,698		직접비총계	4,968,678		26.57%

[도표 5] 재판 2,000부 손익분기 부수 분석 자료

도서별 손익분기 분석

기초사항 도서명:

판쇄	1판 2쇄		예상매출액	10,200,000	
수량		1,000	손익분기_매출액	6,864,415	
정가		17,000	예상손익	3,335,585	32.70%
할인율		60%	인세 7.00%	1,190,000	11.67%
매가		10,200	광고비	510,000	5.00%
손익분기부수		673	일반관리비	1,632,000	16.00%
권당공헌이익		3,336	물류비	510,000	5.00%

구분사항

구분	계열	쪽수	용지	정미	인쇄도수 (원,별,베,형)	가로	세로
본문	국횡전8 절	96 쪽	150스노우 /국횡전	12.0	8 도 4,0.0,0/4,0.0,0	210	260
표지	46횡전4 절	2 쪽	150아트지 /46전	0.5	4 도 4,0.0,0/0,0.0,0		
합지	국횡전12 절	4 쪽	합지1600 /46전	0.3	0 도 0,0.0,0/0,0.0,0		
면지	국횡전8 절	4 쪽	150스노우 /국횡전	0.5	8 도 4,0.0,0/4,0.0,0		

No	공정	구분	계열	수량	단가	금액	비고	%
1	용지	본문	/	15연	67,800	1,017,000	150스노우/국횡	10.97%
2	용지	표지	/	1연	97,600	97,600	150아트지/46횡	1.05%
3	용지	면지	/	0.75연	67,800	50,850	150스노우/국횡	0.55%
4	용지	합지	/	0.4연	704,000	281,600	합지1600/46/1100*830	3.04%
5	소부	본문	국/ 1	6대 * 8도	7,000	336,000		3.62%
6	인쇄	본문	국/ 1	12연*8도	4,000	384,000	/6대	4.14%
7	소부	면지	국/ 1	1대 * 4도	7,000	28,000		0.30%
8	인쇄	면지	국/ 1	1연* 4도	3,150	12,600	/0.25대/돈땡	0.14%
9	소부	표지	46/ 2	1대 * 5도	7,000	35,000		0.38%
10	인쇄	표지	46/ 2	1연* 5도	8,000	40,000	/0.5대	0.43%
11	코팅	표지	46/ 2	1연	55,000	55,000	라미유단면	0.59%
12	제본_각양장		/	1000부	410	410,000	좌철/사철/앞면지개별,뒷면지제물	4.42%
13	제본_각양장		/	1	0	0	연결그림있음 주의/간지삽지	0.00%
14	제본_각양장		/	1	0	0	스티커부착(2종)표1좌측하단	0.00%
	소계	2,747,650	부가세	274,765	직접비총계		3,022,415	29.63%

[도표 6] 재판 1,000부 손익분기 부수 분석 자료

다시 한번 강조하지만 손익분기 부수를 어떤 관점에서 분석하고 판단해 결정할지는 대단히 중요하다. 따라서 투자비용에 따른 손익분기 부수를 어떻게 만들어내고 해석할지를 두고 출판사 내부적으로 분석 방법을 설정해야 한다. 또 도서 판매를 통해 이윤을 가장 많이 발생시키는 요소가 무엇이 먼저인지 파악하고, 그 이윤을 초판 판매 부수에서 낼지 재판 판매 부수에서 낼지 동시에 검토해야 한다. 이를테면 대형 기획물의 경우 처음부터 인세를 지급하지 않고, 손익분기 부수를 파악한 후에 결정하는 것도 나쁘지 않다. 특히 출판사는 보유하고 있는 전체 출판물 중에서 스테디셀러가 얼마나 되는지, 1년에 판매되는 출판물을 판매 부수 단위로 분석한 리스트를 잘 정리해놓고, 절판 도서에 대한 정책 등도 분명히 해두어야 한다.

5
도서마다 다른 정가

제작 부수 대비 정가

가장 이상적인 것은 많이 판매되는 경우인데, 이때 정가 책정은 편리하다. 하지만 많은 출판사가 부수보다는 시장에 형성되어 있는 경쟁 도서나 유사 도서를 참고해서 가격을 결정하는 경우가 많다. 모든 도서는 원가가 다르다. 번역비, 로열티, 인세, 감수료, 교정교열비, 디자인비, 제작비 등이 다르기 때문이다. 그래서 정가 결정은 정확하게 원가를 분석해서 결정하는 것이 바람직하다.

매출 대비 이윤 창출

출판사에서 기준을 두고 있는 이윤이 어느 정도냐 하는 것이다. 즉 초판에서 분석하는 순수 이익과 재판에서 분석하는 순수 이익의 기준을 몇 퍼센트로 두고 있느냐에 따라 정가가 달라진다.

독자층의 가격 저항에 대응

원가분석에서 투자비용은 높게 나왔지만 독자층에 따라 부득이하게 가격을 결정해야 할 경우, 내부적으로 의사소통이 필요하다. 결정된 가격에 논란이 없도록 하는 것이 중요하다. 독자층의 가격 저항이 있다 하더라도 원가분석 결과 책의 내용이 독자들에게 만족도 높은 콘텐츠로서 가치가 있다고 판단되면 내부적 합의에 의해 가격을 높게 결정하는 것이 바람직하다.

재판 때 가격 저항에 대비

앞에서 초판 손익계산에서 이익도 나지 않고 손실도 나지 않은 원가계산을 분석했지만, 재판 도서를 제작할 때 손익분석한 결과 이익이 발생하지 않은 분석 자료가 발생하는 경우도 있다. 정가를 올리는 경우도 있지만 현재 도서정가제 시스템에서 판매한 지 얼마 되지 않아 정가를 인상하기가 쉬운 일은 아니다. 이러한 문제 때문에 초판의 원가분석을 할 때 반드시 재판의 원가분석도 함께 해서 적정 정가를 미리 예측하는 것이 바람직하다.

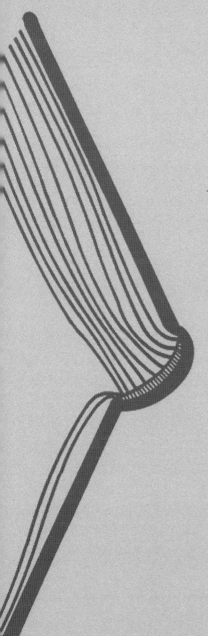

3장
원가계산 분석 구성 요소

출판사 매출 구조는 신간 매출과 구간 매출로 구분된다. 신간 매출을 예리하게 분석해내는 작업은 매우 중요하다. 특히 매출과 관련해서 도서를 전략 도서, 주력 도서, 관리 도서 등으로 구분하는데, 출판사 내부에서 설정된 전략에 따라 출판하는 것이 중요하다. 구간 매출은 전년도 대비 시장 분석이다. 지속적으로 시장을 주도하는 출판사 자체 리스트를 파악하고, 시장에서 판매가 저조할 경우 판매 극대화를 위한 전략과 처방이 필요하다. 예를 들면 스테디셀러나 콘텐츠가 오래돼 시장에서 반응이 없는 경우 본문 서체, 표지 디자인을 다시 해서 독자에게 새롭게 선보일 필요가 있다.

1
간접비는 매우 중요하다

간접비는 원가분석에서 고정비에 속하는 부분이고 어느 항목 하나 소홀히 할 수 없다. 크게는 광고비(홍보), 물류비, 일반 관리비 세 가지로 구분한다.

광고비 효과적으로 활용하기

출판물의 경우 어떤 도서는 광고를 하기도 하고, 어떤 도서는 전혀 광고를 하지 않은 경우가 있다. 출판사는 광고비를 효율적이고 체계적으로 운영하는 것이 중요하며, 매년 책정된 광고비 계획 대비 제대로 실천하고 있는지 되짚어봐야 한다.

출판사는 매년 연간 매출액 대비 몇 퍼센트를 광고비로 적용해서 운영하고 있는지 자료가 있어야 한다. 온라인, 오프라인, 관련 매체, 이벤트, 홍보물 제작 등 많은 부분에 광고비를 지출한다. 특히 개별 도서와 전체 도서를 구분해서 분석할 필요가 있다.

초판 발행과 동시에 광고를 한다고 가정해서 보면, 신문 광고를 하

도서별 손익분기 분석

작성일 : 2016-10-17

기초사항   도서명:

판쇄   1판 1쇄

수량	5,000	
정가	17,000	
할인율	60%	
매가	10,200	
손익분기부수	5,885	
권당공헌이익	-1,805	

예상매출액	51,000,000	
손익분기_매출액	60,023,011	
예상손익	(9,023,011)	-17.69%
인세 7.00%	5,950,000	11.67%
광고비	12,750,000	25.00%
일반관리비	8,160,000	16.00%
물류비	2,550,000	5.00%

[도표 7] 광고비를 실제로 집행했을 경우 발생되는 금액 산정해서 분석한 자료

도서별 손익분기 분석

작성일 : 2016-10-17

기초사항   도서명:

판쇄   1판 1쇄

수량	5,000	
정가	17,000	
할인율	60%	
매가	10,200	
손익분기부수	4,885	
권당공헌이익	235	

예상매출액	51,000,000	
손익분기_매출액	49,823,011	
예상손익	1,176,989	2.31%
인세 7.00%	5,950,000	11.67%
광고비	2,550,000	5.00%
일반관리비	8,160,000	16.00%
물류비	2,550,000	5.00%

[도표 8] 광고비를 총 매출액 대비 출판사 내부적으로 책정된 퍼센트를 적용해서 분석한 자료

는 데 1,275만 원을 적용해 원가분석을 하는 자료(도표 7)와 출판사 내
부적으로 적용하고 있는 일정한 퍼센트를 적용해서 원가분석을 하는
자료(도표 8)를 비교해보면 이해할 수 있다.

출판사에서 전체 도서를 홍보하는 목적으로 제작되는 '도서 목록'
을 효율적으로 활용하고 있느냐도 중요한 문제이다. 2016년 10월에
제작한 도서 목록을 2017년 3월에 사용하고자 할 때 생각보다 재고

를 많이 보유하고 있는 경우라면 폐기하는 것이 낫다. 간혹 도서전, 북페스티벌 등 행사장에서 무작위로 도서 목록을 배포하는 경우가 있는데 과연 효과가 있을까 하는 의문이 든다.

더욱이 현재 제작되고 있는 도서 목록을 보면 한 권의 도서를 출판하는 비용보다 더 든다. 그만큼 고급스러워졌다. 그래서 필요한 수량만큼 그때그때 제작하는 것이 바람직하다. 그리고 종합 도서 목록을 만들지, 분야별 도서 목록을 만들지, 아니면 제작하지 않고 온라인으로 서비스할지 고민이 필요할 때라고 생각한다. 과거와 달리 현재는 CTP(Computer to Plate) 방식에 의해서 자유롭게 제작할 수 있기 때문에 선택의 폭이 넓어졌다.

도서 목록의 경우만 보더라도 출판사는 매출 대비 적절한 광고비를 책정해서 효율적으로 운영하고 있는지 신간 도서이든 재판 도서이든 매번 분석하고 관리하는 것이 중요하다.

일반 관리비 효율적으로 운영하기

일반 관리비는 인건비, 임대료, 접대비, 사무 용품 구입비, 차량 유지비 등이 포함된다. 이때 주의할 점은 대출금은 적용하지 않고 대출금 이자만 적용해야 한다는 것이다.

일반 관리비는 출판사 경영적 측면에서 수치가 나와야 한다. 국내 출판사 내부 경영구조는 단순하면서도 복잡 다양하고 정확한 자료가 노출되지 않는다는 것이 특징이다. 기획위원 제도를 운영하고 있는 경우, 편집·디자인·마케팅·제작 업무 등을 외주로 처리하는 경우가 있기 때문이다. 그런데 이렇게 외주로 진행할 경우 출판사 내부 지출 비용을 줄이는 일시적인 효과는 있을지 모르겠지만 향후 조직 관리에는 문제가 있다. 예를 들면 디자인 작업을 외주로 진행하고 이로 인해 지출되는 비용이 1명을 고용해서 지출되는 인건비보다 월등히 높다면 어떻게 할 것인가? 반면 고정비가 상승하여 경영에 압박을 주는 경우도 있기 때문에 어느 편이 더 현실적이고 미래 지향적인지는 깊숙이 들여다보아야 한다.

인건비를 포함해 직원들에게 지원되는 제반 비용에 대한 고민이 많음에도 불구하고 조직을 구성해서 운영하는 출판사도 있고, 적정 인원을 제대로 배치하지 못해 어려움을 겪는 출판사도 있으며, 우수한 인력이 다른 출판사로 이직함으로써 마이너스 결과를 초래하는 출판사도 있다. 조직이란 움직이는 생명체이기 때문에 항상 꿈틀거리게 되어 있다. 출판사 내부에서 문제점을 분석하고 방향을 제시하면서 효율적으로 대응하는 것이 중요하다.

일반 관리비에서 인건비의 경우 매출 대비 일정한 비율을 설정하는 것이 중요하다. 대기업도 매출 대비 일정한 퍼센트를 넘기지 않는다. 출판사 구조는 엄청난 매출을 올리는 시스템이 아니라는 점을 보면 얼마나 지속성을 유지하느냐가 더 중요하다. 매출의 고저에 따라 인원 감축 등의 구조조정을 하는 것은 올바른 성장 방법이 아니라고 생각한다.

한편 편집 과정에서 교정지에 가장 많이 사용하는 것이 견출지이다. 문제는 초교지부터 이 견출지를 사용하고, 2교지, 3교지 등 교정지마다 붙인다는 것이다. 견출지는 최종 교정지에서 사용하는 것이 가장 바람직하다. 인문서 300쪽 분량의 교정지를 4교 내지 5교를 보았다고 예상할 때 사용되는 용지량과 투여되는 시간도 만만치 않을 터이며, 1년에 100여 종 출판한다고 보면 엄청난 소모품을 사용하는 셈이다. 금액으로 따지면 얼마 되지 않을지 모르겠지만 습관적으로 사용하는 것이 문제이다. 사무실 서랍에 사용하지 않고 보유하고 있는 필기도구도 마찬가지이다. 사무 용품을 비롯해서 컴퓨터 전원 끄기 등 절약하지 않는 모든 것이 비용으로 발생한다고 인식할 필요가 있다.

출판 물류비를 줄이는 것이 원가절감

출판 물류비는 정품, 반품, 재생, 반품 분류, 포장, 배본, 택배 등의 비용으로 본다. 정품의 경우 적정 재고를 어떻게 유지하느냐가 핵심인데 신간과 구간 관리가 무엇보다 중요하다. 신간의 경우 적절한 제작 부수 결정과 입고 시기가 핵심이다. 또한 정품 입고 과정에서 포장 단위의 문제를 주의해야 한다. 포장 과정에서 수량이 정확하지 않을 경우 재고 관리에 문제가 생긴다. 물류에 보관하고 있는 재고가 완전히 소진되었을 때 재판을 입고시키는 방법 등 섬세하게 점검해야 할 부분이 많다. 대량으로 제작할 경우 입고 부수를 조절해서 입고하는 방법, 정가 인상, 표지갈이, 수선 등을 통해 변동이 있을 경우 기존 정품 재고를 완전히 소진하는 방법, 매장에 있는 재고를 점검하는 기술, 서점에서 서점으로 이동하는 방법 등 세밀하게 점검하고 제작해야 한다. 특히 재판을 제작할 때에는 전년도 제작 현황을 반드시 점검하고, 서점 판매와 납품으로 인해 발생한 판매 현황 등을 점검한 뒤 진행해야 한다.

출판물 물류 관리의 생명은 반품 관리라 해도 지나치지 않다. 반품 관리는 아마도 모든 출판사의 숙제일 것이다. 서점에서 반품이 오면 바로 부수를 파악하고 정품으로 이동해야 할 도서, 폐기·재생해야 할 도서를 분리해서 판단하고 결정하는 시스템이 가동되어야 하는데 현실적으로는 그렇게 실천하지 못하고 있다.

모 출판사의 경우 반품 관리 부서를 별도로 운영해서 재생하고 있으며, 물류창고를 자체 운영하는 출판사의 경우 직원들이 수시로 재생하고 있고, 월 1회 정기적으로 창고를 방문해서 정품으로 이동, 표지갈이, 상하 재단, 비표 지움 수선, 완전 폐기로 구분해서 관리하는 출판사도 있다. 이러한 작업이 가능하려면 우선적으로 서점에서 반품이 왔을 때 바로 해체 작업이 이루어져야 하고 전체 종수별로 분류가 되어 있어야 한다. 반품 재생 관리가 원활하게 되지 않으면 제작은 진행 중이고, 재고는 없고, 반품은 분류되어 있지 않았을 때 혼선이 야기돼 출고 담당자가 애를 먹을 수밖에 없다. 만약 반품 도서가 제대로 분류되어 있고 수선되어 있다면 제작이 늦어지더라도 품절 사태는 발생하지 않을 것이다. 따라서 반품 도서 재생을 신속하게 처리하는 것은 최고의 원가절감 방법이다.

반품 도서 관리의 대표적인 사례는 다음과 같다.

1. 정가가 바뀐 경우, 반품 도서는 표지갈이를 해주어야 한다. 이때

시리즈별, 판형이 비슷한 것 등을 파악해서 비수기에 의뢰한다.

2. 표지갈이를 해서 재고를 완전히 소진한 다음 수선된 도서를 출고한다.

3. 배본했다가 다시 반품으로 돌아오는 일은 없어야 한다. 과다한 출고는 과다한 반품으로 이어지기 때문에 이 또한 원가절감의 저해 요인으로 작용하고 있다.

4. 정가 오류, 바코드 오류, 본문 인쇄 오류 등으로 반품되는 사례가 있다. 반복적인 제작 사고, 출고 오류 등이 발생하지 않도록 주의 해야 한다.

5. 물류 회사에서 다른 도서를 보내거나, 다른 거래처로 보내거나, 특정 도서가 누락되어 출고되는 경우 등 반복적으로 발생하는 크고 작은 사고의 빈도수를 줄이는 것이 원가절감 방법이다.

2
거래처에 지급되는 직접비

기획료를 인세로 할 것인가 매절로 할 것인가

한 권의 출판물을 만드는 과정 중에 기획료를 인세로 지급하느냐 매절로 지급하느냐에 대한 고민이 많을 때가 있다. 출판물은 시리즈, 단행본 등 여러 형태로 출간된다. 어떤 형태로 출간되든 출판사에 자금 여유가 있다면 매절로 가는 것이 타당하다고 본다. 반대로 현금을 지급할 능력이 안 될 경우, 또는 경영적 측면에서 어려울 경우 인세를 선택할 수밖에 없다. 기획료 인세 지급은 초기 투자 비용이 적게 지출되기는 하지만 여러 가지 측면에서 고민스러운 부분이다. 기획료 인세 금액을 결정할 때에는 기획자가 해당 원고에 어느 정도 역할을 했는지 여부에 따라 판단해 결정하는 것이 좋다.

감수는 반드시 있어야 하는가

어떤 원고든 그 원고를 작성한 저자가 내용에 대한 전문가이고 책임질 수 있는 위치에 있어야 한다. 신인 작가의 경우 내용에 따라서 전문가의 추천이나 감수를 받으려 하고, 번역서의 경우 번역가 원고를 또 다른 전문가에서 감수를 받으려고 한다. 감수료를 지급하는 것보다는 편집자의 역할이 더 중요하다. 한 예로, 국내 도서를 해외로 수출했는데 외국 출판사에서 감수자는 누구이고 왜 있느냐, 저자가 전문가 아니냐라고 문의했다는 것이다. 번역 원고에 반드시 전문가의 검토가 필요하다면 차라리 감수자에게 번역을 의뢰하는 편이 더 효과적일 것이다.

표지·본문 디자인을 외주로 처리하는 경우

원가분석을 할 때 출판사 내부 직원이 디자인 작업을 하면 일반 관리비로 적용해서 분석하지만, 외주로 작업할 경우 직접비에 포함한다. 따라서 원가분석을 할 때 두 가지를 반영해야 한다. 외주 작업을 의뢰해서 지출되는 디자인 비용을 연말에 분석해서 디자이너를 채용하는 편이 효과적인지, 지속적으로 외주에 의존할지 검토하는 것이 좋다. 이를테면 1년에 외주 디자인 비용을 4,000만 원 지급했는데, 디자이너 한 명을 채용해서 내부에서 운영하는 편이 낫다고 판단할 수 있지 않을까? 물론 디자인은 다른 부서에 비해 기자재 등 비용이 더 많이 발생하기는 하지만 원활한 의사소통과 디자인의 질적 향상을 위해서는 그러한 비용 발생은 감수할 필요가 있다.

교정교열비 지급

출판사 시스템이 기획 중심으로 변하면서 내부 교정보다는 외부 교정비 지출이 높아진 것이 사실이다. 반면에 전문 교열교정자가 부족한 것도 현실이다. 교열 부분에서의 문제는 더 심각하다. 모 출판사에서 주장하듯 기획자, 교정교열자, 편집자의 역할이 따로 있다는 의견에 100퍼센트 공감한다. 교정교열비 지출에 대해서는 내부적으로 매뉴얼이 필요한데, 출판사마다 시스템이 다르지만 그래도 분야별, 시리즈별, 형태별 등으로 나누어 단가표를 만들어두어야 한다. 늘 문제가 되는 것은 직원이 바뀌면 단가도 바뀐다는 것이다. 이것은 경영 면에서 잘못된 관행이다. 기업은 전 직원이 공감하는 기준안을 갖추어야 하며 직원은 어떠한 직책에 있더라도 매뉴얼에 따라야 한다. 그것은 기업의 경영 방침이기 때문이다.

사진, 그림 등 저작권료 지급

저작권은 강화되어가고, 사용하고 싶은 자료는 많고, 인세 지급의 비중은 높아지고 있는데, 문제는 출판권설정계약서 일부 조항을 보면 '완전원고'라고 하는 부분에 대해 내부적 원칙이 필요하다는 것이다. 저자가 인세를 10퍼센트 요구하면 글, 그림, 사진 등 모든 원고를 저자가 가져와야 한다. 이때 출판사는 어디까지 지원하는 것이 적절한지 내부적으로 합의가 있어야 한다. 만약 출판사가 글, 그림, 사진 중 어느 하나라도 지원했다면 그만큼 저자 인세에서 공제하는 것이 타당하다. 그러나 현실은 전혀 그렇게 되지 않고 있다. 많은 출판 관계자가 공감하는 부분일 것이다.

손익분기점은 총 지출되는 비용과 이윤이 같아지는 시점이다. 기존 방식에서 벗어나 출판사도 손익분기점을 따져보고, 원가를 계산해 합리적인 경영과 효과적인 마케팅 전략을 세워 실행하는 것이 좋다. 예를 들면, 초판 제작 부수에 따라 제작비, 정가, 이윤 등 모든 것이 달라진다.

[도표 9]를 도서별 원가계산 및 손익분기 부수 분석 자료로 참고해 활용하면 도움이 될 것이다.

- 매가 : 정가×공급률
- 예상 매출액 : 매가×제작 부수
- 예상 손익 : 예상 매출액-손익분기 매출액 또는 권당 공헌이익
  ×제작 부수
- 인세 : 정가×제작 부수×10퍼센트
- 광고비 : 고정비(총 매출액 대비 지출비용), 예상 매출액×광고비

도서별 손익분기 분석

기초사항

도서명:

판쇄 1판 1쇄		예상매출액	28,050,000
수량	3,000	손익분기_매출액	17,990,890
정가	17,000	예상손익	10,059,110	35.86%
공급률	55%	인세 10.00%	3,570,000	12.73%
매가	9,350	광고비	1,402,500	5.00%
손익분기부수	1,924	일반 관리비	4,488,000	16.00%
권당공헌이익	3,353	물류비	1,402,500	5.00%

구분사항

구분	계열	쪽수	용지	정미	인쇄도수 (원,별,배,형)	가로	세로
본문	국횡전8절	96쪽	150스노우 /국횡전	36.0	8 도 4,0,0,0/4,0,0,0	210	260
표지	46횡전4절	2쪽	150아트지 /46횡전	1.5	4 도 4,0,0,0/0,0,0,0		
합지	국횡전12절	4쪽	합지1600 /46전	1.0	0 도 0,0,0,0/0,0,0,0		
면지	국횡전8절	4쪽	150스노우 /국횡전	1.5	8 도 4,0,0,0/4,0,0,0		

No	공정	구분	계열	수량	단가	금액	비고	%
1	용지	본문	/	39연	67,800	2,644,200	150스노우/국횡	10.37%
2	용지	표지	/	2연	97,600	195,200	150아트지/46횡	0.77%
3	용지	면지	/	2연	67,800	135,600	150스노우/국횡	0.53%
4	용지	합지	/	1.56연	640,000	998,400	합지1600/46/1100 *830	3.92%
5	소부	본문	국/1	6대 * 8도	7,000	336,000		1.32%
6	인쇄	본문	국/1	36연* 8도	2,500	720,000	/6대	2.82%
7	소부	면지	국/1	1대 * 4도	7,000	28,000		0.11%
8	인쇄	면지	국/1	1.5연* 4도	2,500	15,000	/0.25대/돈땡	0.06%
9	소부	표지	46/2	1대 * 5도	7,000	35,000		0.14%
10	인쇄	표지	46/2	1.5연* 5도	8,000	60,000	/0.5대	0.24%
11	코팅	표지	46/2	1.5연	55,000	82,500	라미유단면	0.32%
12	제본_각양장		/	3000	410	1,230,000	좌철/사철/앞면지개별,뒷면지제물	4.82%
13	제본_각양장		/	1	0	0	연결그림있음주의/간지삽지	0.00%
14	제본_각양장		/	1	0	0	스티커부착(2종)표1좌측하단	0.00%
	소계	6,479,900	부가세	647,990	직접비총계		7,127,890	25.41%

[도표 9] 도서별 원가계산 및 손익분기 부수 분석 자료

퍼센트

- 일반 관리비(고정비) : 총 매출액 대비 지출비용, 예상 매출액×
  일반 관리비 퍼센트

- 물류비(고정비) : 총 매출액 대비 지출비용, 예상 매출액×물류
  비 퍼센트

- 제작비(직접비) : 예상 매출액 대비 제작비

- 손익분기 부수 : 손익분기 매출액(직접비+인세+일반 관리비+물류비
  +광고비)÷매가

- 권당 공헌이익 : 예상 손익÷제작 부수

- 손익분기 매출액(직접비+인세+일반 관리비+물류비+광고비) : 매가
  ×손익분기 부수

  ※ 권당 단가 : 손익분기 매출액(직접비+인세+일반 관리비+물류비+
  광고비)÷제작 부수

  ※ 총 판매액 : 정가×서점 공급률×총 발행 부수

4
외주 약정서

외주 약정서

제작물명 :

제작물의 종류 :

제작규격 및 부수 :

계약대금 :

 본 제작물을 제작(표지 디자인, 본문 디자인, 지도 작업, 교정비 등 일체)함
에 있어, 출판권자 ○○○와(과) 본 제작물에 대한 제작 공급업체 △△
△은(는) 위에 표시된 저작물을 제작함에 있어서 다음과 같이 합의하
고, 신의와 성실로 이 계약을 준수할 것을 다짐한다.

제1조(목적)

 △△△은 ○○○에게 본 제작물을 제작하여 납품할 것을 약정하고

○○○는 △△△에게 대금을 지불할 것을 약속한다.

제2조(제작 사양)

△△△는 본 계약 및 ○○○가 △△△에게 교부하는 사양서, 도면 그밖의 도서 및 ○○○의 지시에 따라서 본 제작물을 제작한다.

제3조(하청 금지)

△△△는 본 제작물을 스스로 제작하고 사전에 ○○○의 승낙이 없는 한 본 제작물의 전부 또는 일부의 제작을 제3자에게 하청을 주어서는 안 된다.

제4조(납품)

(1) △△△는 ＿＿＿년 ＿＿월 ＿＿일까지 본 제작물의 최종 디지털 파일을 ○○○가 지정한 장소에 납품해야 한다.

(2) △△△는 납기 전에 본 제작물을 납품하려고 하는 경우 사전에 ○○○의 승낙을 얻어야 한다.

(3) △△△는 납기에 본 제작물을 납품할 수 없을 우려가 발생했을 때는 곧바로 그 사실을 ○○○에게 통지하고 지시에 따라야 한다.

(4) △△△는 계약대금의 100분의 20을 계약이행 보험 보증증권으로 납부하여야 한다. 단 계약보증금 지급 각서로 대체할 수 있다.

(5) △△△는 납기 지연으로 인해 ○○○가 손해를 입은 경우에는

손해배상을 해야 한다.

제5조(검사 및 검수)

(1) ○○○는 본 제작물이 납품되었을 때 지체 없이 제품 검사를 실시하고 납품된 제작물이 제품 검사에 합격하였을 때는 △△△에 대해서 검수통지를 통보해야 한다.

(2) 납품 검사로 품종, 수량 품질에 대해서 개별 계약의 결정과 차이가 발견되었을 때 ○○○는 곧바로 그 사실을 △△△에게 통지하고 그 처리에 대해서 지시를 내리며, △△△는 이에 따른다.

제6조(소유권 및 위험부담)

(1) 본 제작물의 소유권 및 위험부담은 검수 통지가 이루어졌을 때 △△△로부터 ○○○에게 이전한다.

(2) 본 제작물의 저작권 및 출판권은 ○○○의 소유로 한다.

제7조(보증)

(1) △△△는 ○○○에게 납품한 본 제작물이 ○○○가 지시한 사양에 합치하고 정해진 품질, 성능을 구비할 것을 보증한다.

(2) △△△이 ○○○에게 납품한 본 제작물에 숨겨진 하자가 발견되었을 때 △△△는 무상으로 하자 있는 제품의 수리, 대체품의 납품, 기타 ○○○가 요구하는 조치를 강구해야 한다. 단, 검수 후 1년이 경과되었을 때에는 이에 해당되지 않는다.

(3) △△△는 ○○○에게 납품한 제작물의 숨겨진 하자가 발생함으로써 ○○○가 손해를 입은 경우에는 손해배상을 해야 한다. 단, 검수 후 1년이 경과하였을 때는 이에 해당하지 않는다.

제8조(비용의 부담)

(1) ○○○는 본 제작물에 부수되는 표지 디자인, 본문 디자인, 지도 작업비, 교정비 등 필요한 경비를 부담한다.

(2) 본 저작물을 제작함에 있어 ○○○는 △△△에게 본 계약서에 첨부된 견적서를 근거로 일금 _____정(_____원, 부가세 별도)을 지급한다.

(3) ○○○는 △△△에게 계약과 동시에 일금 _____정(_____원)을 지급한다.

(4) ○○○는 △△△에게 2차 비용을 _____년 __월 __일까지 지급한다.

(5) ○○○는 △△△에게 최종 디지털 파일이 전달되었을 경우 지체 없이 지급한다.

제9조(제공자료)

(1) △△△는 위탁업무에 관해 ○○○로부터 자료, 도면 그 밖의 서류(이하 "제공자료"라고 한다) 제공을 받은 경우는 이것들을 선량한 관리자의 주의의무를 갖고서 보관, 관리하여 사전에 ○○○의 서면에 의한 승낙 없이 제3자에게 개시, 누설해서는 안 된다.

(2) △△△는 본 계약이 종결하거나 해제된 경우는 곧바로 제공자
료 원본 및 모든 복사본을 ○○○에게 반환해야 한다.

제10조(계약 해제)

○○○ 또는 △△△이 본 계약 또는 개별 계약의 결정에 위반하여 상
대방이 상당한 기간을 정하여 시정을 최고하였음에도 불구하고 그
기간 중에 시정이 이루어지지 않은 경우 상대방은 곧바로 본 계약을
해제할 수가 있다.

제11조(협의)

본 계약에 정해지지 않은 사항 또는 해석에 이의가 발생한 사항에
대해서는 ○○○와 △△△ 양사가 협의 후 해결한다.

이상 본 계약의 성립을 증명하기 위해 본서 2통을 작성하고 ○○○와
△△△는 서명 또는 날인 후 각각 1통씩을 보관한다.

첨부 : 견적서 1부

_____년 ___월 ___일

출판권자의 표시
출판사명 :

대표자 성명 :　　　　　　(인)

사업자등록번호 :

주소 :

연락처 :

제작업체의 표시

기관명 :

대표자 :　　　　　(인)

고유번호 :

주소 :

연락처 :

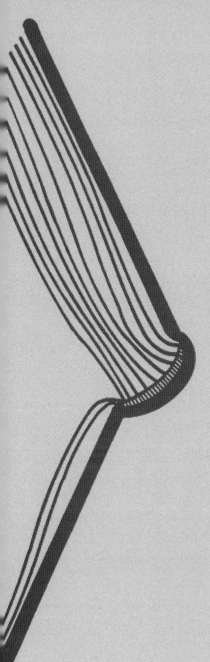

4장
출판물 인세,
어떻게 지급할 것인가?

종이책이 되었든 전자책이 되었든 저자와 출판사가 독자들에게 공통의 내용을 전달하고자 하는 것이 출판이다. 그래서 출판사와 저자는 독자 생활방식에 맞게 원고 내용에 대한 의견을 조율하고, 편집 방향을 논의하며, 판매 프로모션, 도서명, 표지 디자인 등 전반적인 사항을 협의한다. 저자와 출판사는 각각의 역할과 책임을 최종으로 확인하고 이를 약속하는 절차가 필요하다. 가장 비중을 크게 차지하는 것이 출판물 발행에 따른 비용에 대한 원만한 협의이다. 즉 원고는 저자가, 편집 및 제작은 출판사가 부담하는 일반적인 형식과 관행에 준한 계약을 하고 이를 근거로 '출판권설정계약서'를 작성하고 있다.

1
출판 계약의 이해

출판권설정계약서를 작성하기 이전에 저자와 출판사는 기본적인 이해관계가 성립된 상태에서 만나야 한다. 그 역할은 편집자가 할 수도 있고, 저자가 할 수도 있다. 출판권설정계약서를 세부적으로 검토하기에 앞서 몇 가지 기본적인 구성 요소를 인식하고 계약서를 분석하는 것이 좋다.

- 저자는 출판사에 원고를 준다.
- 저자는 출판해서 배포하고 판매할 수 있는 출판권을 출판사에 준다.
- 저자는 저작물이 자신의 지적 창조의 산물임을 보장해야 한다.
- 출판사는 저자에게 발행된 도서를 제공해야 한다.
- 출판사는 판매하여 얻은 이익을 저자와 배분해야 한다.
- 출판사는 저작권을 관리하고 보호해야 한다.

여기에 사례로 제시하는 출판권설정계약서는 2014년도 대한출판
문화협회와 한국출판인회의에서 제공한 자료를 바탕으로 새롭게 구
성해서 사용하고 있는 계약서이다. 핵심적인 내용을 중심으로 계약서
를 설명하고자 한다.

출판권 및 배타적 발행권 설정 계약서

저작권자 :

저작물명 :

저작물의 종류 :

저작물의 내용 개요 :

위 저작물(이하 '본 저작물')을 출판함에 있어, 저작권자 ○○○과 저작
물에 대한 출판권 및 배타적 발행권자 △△△는 위에 표시된 저작물
을 이용함에 있어서 다음과 같이 합의하고, 신의와 성실로써 이 계약
을 준수할 것을 다짐한다.

──○ 저작권자란? 저작물을 창작한 자를 말하며, 저작권법은 저작자를
자연인(개인)에 한정하고 있으나, 예외적으로 법인, 단체 및 사용자
를 저작자로 인정하고 있다. 이처럼 법인, 단체 등이 저작자인 저작
물을 특별히 '업무상저작물'이라고 한다.

저작자의 권리인 저작권은 저작인격권과 저작재산권으로 구분한다. 저작인격권은 저작물과 관련해 저작자의 명예와 성망 등 인격적 이익을 보호하기 위한 권리이고, 저작재산권은 경제적 이익을 보호하기 위한 권리이다.

저작재산권자란? 예를 들면 가족 또는 기부단체 등의 명의로 인세를 지급할 경우 원천소득신고 등 제반 세무 관계를 저작재산권자에게 발행하는 것이 타당하다. 저작권자와 저작재산권자가 동일한 인물일 수도 있고, 그렇지 않을 수도 있기 때문이다.

제1조(출판권 및 배타적 발행권의 설정)

(1) 저작권자는 출판사에 본 저작물에 대한 출판권 및 배타적 발행권을 설정하고, 저작권자는 본 저작물의 한국어판을 전 세계로 복제 및 배포, 전송에 관한 독점적이고도 배타적인 권리를 갖는다.

(2) 저작권자는 출판사에 본 저작물을 디지털 파일(모든 형식의 변환을 포함하며, 이하 동일하다)로 제작해 전 세계에 복제·전송할 수 있도록 허락하고, 출판사는 그에 관해 독점적인 권리를 갖는다.

제2조(용어의 정의)

(1) 이 계약에서 말하는 '출판권'이라 함은 저작권법에서 규정하고 있는 "인쇄 그 밖에 이와 유사한 방법으로 문서 또는 도화로 발행할 수 있는 권리"로서 저작물에 대해 준물권적 배타성을 갖

는 권리를 말한다.

(2) 이 계약에서 말하는 '배타적 발행권'이라 함은 저작권법에서 규정하고 있는 "저작물을 발행하거나 복제·전송할 수 있는 권리"로서 저작물에 대해 준물권적 배타성을 갖는 권리를 말한다.

(3) 이 계약에서 말하는 '전송'이라 함은 저작권법에서 규정하고 있는 공중송신권에 기반해 "공중이 개별적으로 선택한 시간과 장소에서 수신하거나 이용할 수 있도록 저작물을 무선 또는 유선 통신의 방법에 의하여 송신하거나 이용에 제공하는 것"을 가리키며, 인터넷 및 통신위성 등을 이용해 개인용 컴퓨터, 전용 단말기, 휴대전화 등에 다운로드하거나 고정할 수 있는 디지털 파일로 제작해 전자책(e-book) 등에 이용할 수 있게 하는 것을 포함한다.

제3조(출판권 및 배타적 발행권의 등록)

저작권법에 따라 출판사는 본 저작물에 대한 출판권 설정 또는 배타적 발행권 설정을 한국저작권위원회에 등록할 수 있으며, 저작권자는 등록에 필요한 서류를 출판사에 제공하는 등 이에 적극 협력해야 한다.

──○ 실질적으로 위 조항을 제대로 적용하는 회사는 그리 많지 않다.

제4조(출판에 따른 저작권 사용료) ···▶ 97쪽 참조

(1) 출판사는 본 저작물의 판매 부수에 따른 정가 총액의 ___ 퍼센트를 인세로서 저작권자에게 지급하기로 한다. 초판 발행 부수에 해당하는 인세를 초판을 발행한 후 1개월 이내에 정산 지급한다. 이때 납본용·증정용·신간 안내용·서평용·홍보용 등으로 무가 배포된 부수는 제외한다. 또한 출판사는 제작 완료 후 출판물의 유통 과정에서 파손, 오손 등으로 인해 폐기 처분한 수량의 경우에도 제외한다.

──○ [도표 10]에는 정가 인상 변동 사항, 정가 인상에 따른 인세 지급 변동 사항, 판매 부수에 따라 달라지는 인세율 등을 기록해 저자와 출판사 간의 오해가 없도록 기록해두었다.

글, 사진, 그림, 도표 등으로 구성된 원고의 경우 인세 비율을 어떻게 나누고 누구의 몫으로 할지 구체적으로 나누어 신중하게 결정해야 한다.

(2) 출판사는 12개월에 한 번씩 판매 내역을 저작권자에게 고지한 후 30일 이내에 발생한 추가 인세를 지급한다.

(3) 관례에 따라 인지 첨부는 생략한다. 출판사는 본 저작물의 판매 상황이나 발행 부수에 대해 저작권자의 확인 요청이 있을 경우 이에 응해야 한다.

(4) 출판사는 저작권자에게 초판 발행 시 ___ 권을 기증하고, 개정

인 세 계 산 내 역 서

1. 정산기간 : 2011.1.1~2011.12.31

2. 발행

도 서 명	판색	출판일	정 가	총발행부수	전기말재고①	기간중발행②	[총판매부수]기간중판매③	기간중증정/폐기④	재고⑤ ⑤-{(①+②)-③-
①	2/8	11.4.21	35,000	12,400	138	700	343	25	470
②	4/1	10.10.7	35,000	9,000	864	0	415	28	421
③	1/4	09.1.5	25,000	5,700	139	0	70	69	0
③	2/1	11.4.27	30,000			1,100	157		943
④	1/2	10.5.25	35,000	2,500	371	0	221	27	123
⑤	1/2	09.5.20	43,000	1,700	399	0	[1,145] 163	19	217

3. 지급

지급액				공제금액					계⑧ [⑧=②+③+④]	차인지급액⑥ [⑥=①-⑧]
정 가	판매부수	인세율	금 액①	계약금 지급일	지급금액②	TAX③ (3.3%)	도서구입비 구입일	구입금액④		
① 35,000	343	10%	1,200,500		0					
② 35,000	415	10%	1,452,500		0					
③ 25,000	70	10%	175,000		0	152,890			152,890	4,480,330
30,000	157	10%	471,000		0					
④ 35,000	221	10%	773,500		0					
⑤ 43,000	163	8%	560,720		0					
계			4,633,220		0	152,890			152,890	4,480,330

4. 비고

2011. 12. 31

지 급 일 :
지급방법 :

[도표 10] 인세 계산 내역서

판 발행 때마다 ___권씩 기증한다.

───○ 제4조 4항을 들여다보면, 초판 발행 시 저자에게 제공되는 도서를 좀더 신중하게 판단해서 부수를 책정하는 것이 중요하다.

또한 개정판과 재판에 대한 개념을 정확하게 정립할 필요가 있다. 개정판은 본문 내용의 일부가 교체되거나 증감되는 경우, 표지 및 본문의 장정이 바뀌는 경우, 정가가 인상되는 경우, 제작 방식 (제책, 용지, 인쇄 방식 등) 등이 변경될 경우에 한해서 적용한다. 재판 또는 재쇄의 경우는 동일한 내용을 판권만 교체해서 제작하기 때문에 저자에게 견본을 제공할 필요는 없다.

(5) 저작권자는 정가의 ___퍼센트에 해당하는 금액으로 위 저작물을 출판사로부터 구입할 수 있다(단, 판매용으로 배포할 수는 없다).

───○ 표준계약서 제15조 2항의 경우 저자가 본인의 도서를 구입할 경우 할인율을 적시하게 되어 있는데, 만약 적시된 기준보다 더 많이 할 인받을 경우 인세에서 공제하는 조건으로 계약하는 경우도 있다. 되도록 계약서에 표기해두는 편이 좋다.

제5조(전송에 따른 저작권 사용료)

(1) 출판사는 본 저작물의 디지털 파일 전송이 개시되면 1회 판매 당(동일 사용자의 다른 단말기 이용에 따른 복수 전송은 1회로 본다) 저

작권 사용료로서 제4조 제1항에 명시된 인세와 동일한 금액을 저작권자에게 지급한다. 저작권자에 대한 저작권 사용료는 종이책 판매 가격을 기준으로 하며 디지털 파일 판매 가격과 무관하다.

(2) 출판사는 전송에 따른 저작권 사용료의 지급은 12개월에 한 번씩 판매 내역을 저작권자에게 고지한 후 30일 이내에 지급한다. 또한 저작권자의 요구가 있을 경우 출판사는 언제든지 판매 내역을 공개해야 한다.

——○ 국내 출판사 대부분은 전자책 인세 지급에 관한 규정을 마련한 곳은 많지 않다. 대체적으로 종이책 인세와 동일하게 지급하는 경우가 가장 많다. 전자책 정가는 종이책의 60~70퍼센트 선에서 결정하고 있다. 일부 전자책 인세에 대해 높게 요구하는 경우가 있는데, 출판사에서 종이책을 만들 때 편집, 디자인, 교정교열 등 일련의 과정을 걸쳐 완성된 판면을 전자책으로 활용하는 것이기 때문에 출판사에 판면권에 대한 권리를 인정해야 한다. 따라서 전자책 인세는 출판사와 저자가 공감하는 적절한 기준안을 마련하는 것이 가장 현명하다.

제6조(출판권 및 배타적 발행권의 유효기간과 갱신 및 재고도서의 배포)

(1) 본 계약에 의한 출판권 및 배타적 발행권은 계약일로부터 본 저작물의 초판 발행일까지 그리고 초판 발행일로부터 5년간

그 효력이 존속한다.

──○ 저작권법에는 3년으로 규정되어 있다. 출판사에서 처음 계약하고 원고가 입고되어 본격적으로 편집하고 디자인해서 출판하는 데 소요되는 기간이 있다. 그리고 판매해서 일정한 매출을 생성시키는 데 필요한 기간이라고 판단해서 5년으로 계약하는 것이 일반적이다.

(2) 본 저작물을 디지털 파일로 제작한 경우 전송권은 최초로 디지털 파일로 제작을 완료한 날까지 그리고 최초 디지털 파일 제작 완료일부터 5년간 그 효력이 존속한다.

(3) 계약 만료일 3개월 이전까지 저작권자와 출판사 어느 한쪽에서 계약 갱신을 원하지 않는다고 문서로 통고하지 않는 한 이 계약과 같은 조건으로 계속 3년씩 연장된다. 이 경우 출판사는 저작권자에게 계약 만료일의 도래를 3개월 이전까지 통지해야 한다.

──○ 출판되는 도서에 따라서 연장 계약 기간도 신중하게 작성하는 편이 좋다. 번역서는 원저작권자와 계약이 파기됐을 때 번역권자와의 계약도 파기된다. 하지만 번역양도계약서에는 이러한 문구를 넣지 않는 것이 일반적이다.

(4) 본 저작물의 개정판, 증보판(출판 및 디지털 파일 제작을 포함한다)

을 발행할 경우 그 출판권 및 배타적 발행권의 존속 기간은 본 제6조 제1항 및 제2항의 예에 따르기로 한다.

(5) 출판사는 출판권 및 배타적 발행권이 소멸된 후에도 계약 유효 기간 중에 인쇄된 재고 도서를 배포할 수 있다. 전송에 의한 저 작물 이용은 계약 만료일 이후 3일 이내에 중단해야 하지만, 구 매자가 이미 전송받은 저작물의 이용에 영향을 끼치지 않는다.

──○ 출판사에서 특정 기간의 평균 판매량을 분석해서 재고 도서를 관 리하는 시스템이 얼마나 실행되고 있는지는 의문이다. 좀더 구체 적으로 분석해보면 다음과 같다.

① 초판이든 재판이든 제작 부수를 물류 창고로 입고한 후 바로 인 세를 정산하는 경우 재고 부수와 관계없이 인세를 지급하기 때문 에 판매되지 않은 재고 부수를 관리해야 한다.

② 후인세로 인세를 지급한 경우도 마찬가지이다. 예를 들어, 2쇄 가 모두 판매되어 인세를 지급했다. 그러나 3쇄로 제작된 도서가 판매되지 않고 장기간 보관될 경우 인세가 언제 지급될지 모르는 상황에 처한다.

③ 6개월 인세 보고, 또는 1년 단위로 인세를 보고할 경우 그나마 객관적인 자료를 만들 수 있다. 문제는 이 또한 계약서에 작성된 내용대로 실행하지 않고 있다는 것이다. 50부 이하가 판매될 경우 아쉬움이 남아 또다시 소량의 부수를 제작하는 경우도 있다. 합리 적인 관리가 무엇인지 검토해봐야 할 조항이다.

출판사에서 절판 여부를 결정하기란 쉽지 않다. 책이란 언젠가 다시 판매될 수 있기 때문이고 개정판으로 살릴 수도 있기 때문이다.

제7조(배타적 및 독점적 사용)

(1) 저작권자는 출판권 및 배타적 발행권 유효기간 중 본 저작물과 동일한 제호의 저작물, 그리고 본 저작물과 내용의 전부 또는 일부가 동일 또는 현저히 유사한 저작물을 출판 또는 디지털 파일로 제작해 복제·전송하거나, 타인으로 하여금 출판 또는 는 디지털 파일로 제작해 복제·전송하도록 해서는 안 된다.

(2) 출판권 및 배타적 발행권 유효기간 중 저작권자는 어떠한 전집이나 선집에도 본 저작물의 전부 또는 일부를 전재하거나 디지털 파일로 제작해 복제·전송하도록 할 수 없다. 단, 부득이한 경우 출판사로부터 사전 서면 동의를 얻어야 한다.

(3) 저작권자는 출판사의 사전 동의 없이 제3자로 하여금 본 저작물의 개정판이나 증보판을 출판 또는 디지털 파일로 제작해 복제·전송하게 해서는 안 된다.

(4) 저작권자는 본 저작물을 저작권신탁관리 단체에 신탁할 수 없으며, 이미 신탁되어 있는 경우에는 이를 해지해야 한다.

제8조(저작권 또는 출판권 및 전송권의 양도 등)

(1) 저작권자는 출판사에 저작권자가 본 저작물의 저작권자(또는 본 저작물을 발행하거나 복제·전송할 권리를 가진 자)이며 본 계약을

유효하게 체결할 권한이 있음을 보증한다.

(2) 저작권자는 계약 시에 본 저작물의 저작권 전부, 본 계약과 중첩되는 저작권 일부를 제3자에게 양도하지 않았으며, 본 저작물의 복제권·배포권·전송권을 목적으로 하는 질권이 설정되지 않았음(질권이 설정되어 있을 경우에는 그 질권자의 허락을 받았음)을 출판사에 보증한다.

제9조(2차적 저작물)

(1) 본 계약 유효기간 중 본 저작물의 재수록을 포함해 번역, 번안, 만화, 연극, 영화, 애니메이션, 방송, 녹음, 녹화, 편집 기타 일체의 형태나 방법으로 2차적 저작물을 작성해 사용할 경우 저작권자는 그에 관한 업무 처리를 출판사에 위임하고, 그 사용허락의 조건에 관해서는 출판사와 합의해 결정한다.

(2) 본 저작물의 2차적 저작물 사용으로 발생하는 수익금은 저작권자와 출판사가 각각 60 : 40으로 배분한다.

(3) 본 저작물의 번역물이 해외에 판매될 경우 발생하는 수익금은 저작권자와 출판사가 각각 50 : 50으로 배분한다. 단, 저작권자가 본 계약서 체결 이후 본 저작물의 해외 번역판권 계약의 독점적 대행을 출판 에이전시 등 제3자에게 위임하고자 한다면 저작권자는 출판사의 동의를 얻어야 하고, 이때 발생하는 저작권 사용료의 배분은 저작권자와 출판사가 협의하여 결정한다.

(4) 2차적 저작물 사용에 관하여는 본 계약서 제1조의 예에 따르기

로 한다.

——○ 앞에 제시된 분배 비율은 하나의 사례이며, 상황에 따라 다르게 적용 가능하다.

출판권설정계약서에는 계약 당사자가 출판권자, 글 작가, 그림 작가 등으로 구분되어 있는데, 출판권자가 높은 권리를 갖도록 책정된 이유는 저작권을 관리하고 유지하는 비용을 감안해서이다.

부차적 수익에 대한 배분을 어떻게 적용할지, 지급을 어느 시기에 어떻게 할지 세부적으로 출판사 내부에서 기준을 마련해두어야 하며, 이를 저자에게 정확하게 고지해야 한다. 기준안을 마련할 때에 유의할 점은 아래와 같다.

첫째, 외부에서 출판사 데이터를 사용하겠다고 의뢰할 경우 정식으로 공문에 의해 요청하게 하고 그 공문을 저작권자에게 발송해서 오해가 없도록 조치를 취하는 것이 바람직하다.

둘째, 표지의 경우 무상으로 제공하고, 본문의 경우 출판사 내부에 규정된 금액에 따라 저작권료를 받는 것이 일반적이다.

셋째, 데이터는 출판사에서 보유하고 있는 것을 제공한다. 도서를 스캔할 경우 퀄리티에 문제가 있기 때문에 출판사에서 보유하고 있는 디지털 데이터를 제공하는 편이 좋다.

넷째, 여러 형태로 저작물을 제작했을 때에 대비해야 한다. 모 출판사의 경우 1차 저작물은 종이 그림책으로 출판했다. 이후 독자에게 다양한 방식으로 다가가기 위해 빅북, 트윈링북, 멀티 동화, 인형 등 다양한 형태의 저작물로 확장했다. 이 경우 저작권 문제를 어떻게 해결할지 다각도로 접근해야 한다. 무엇보다 전문가와 상담하는 것이 가장 먼저 해야 하는 일이다.

제10조(완전원고의 인도 및 발행 의무)

(1) 저작권자는 출판사에 ＿＿＿년 ＿＿월 ＿＿일까지 본 저작물의 완전한 원고를 인도해야 한다. 이 저작물에 부수되는 도표, 그림, 사진, 기타 자료의 수집·정리는 저작권자가 책임진다. 이 경우 저작권자는 출판이 가능한 '완전한 원고'의 정도에 이르렀다는 사실에 대한 출판사의 판단을 최대한 존중해야 하며, 출판사는 저작권자에게 원고의 일부 또는 전부에 대한 수정을 요구할 수 있다.

──○ 이때 두 가지를 유의해야 한다.

첫째, 저자가 출판사에 원고를 전달하기로 한 일정보다 상식에서 벗어날 만큼 지연했을 경우, 예를 들면 3년 정도 경과했을 경우 출판사는 어떻게 할 것이며, 출판사가 출판 일정을 정당한 사유 없이 지체했을 경우 손실 관계를 어떻게 할 것인가를 분명히 해야 한다.

둘째, 저자는 출판사에 완전원고를 전달하기로 명기되어 있지만 통상적인 관례를 보면 소소하게 들어가는 사진이나 그림 등을 저자가 확보하지 못할 경우 출판사가 부담하고 있다. 이때 인세에서 그 금액을 공제하고 지급할지, 아니면 인세율을 조절할지, 아니면 출판사에서 부담할지 반드시 사전에 협의해야 한다.

(2) 출판사는 본 제10조 제1항의 조건이 충족되는 것을 전제로
_____년 __월 __일까지 본 저작물을 출간한다. 단, 공중송신
(전송)의 이용에 의한 디지털 도서의 발행 시기는 저작권자와
출판사가 협의해 결정한다.

(3) 원고 수정 등 제작상의 사정 또는 발행 시기가 부정확하거나,
천재지변 등의 사유로 출판이 늦어질 경우 출판사는 저작권자
와 협의하여 발행 기일을 연기할 수 있다.

제11조(비용의 부담)

(1) 저작권자는 본 저작물에 부수되는 도표·사진·그림·기타 자료
등의 사용료를 포함해 원고 완성에 이르기까지의 모든 비용을
부담하며, 출판사는 본 저작물의 편집·교정·제작·배포 및 전
송에 필요한 경비를 부담한다.

(2) 저작권자의 요청에 따른 출판권 및 배타적 발행권에 준해 수
정·증감 등이 발생하여 통상의 제작비를 현저히 초과한 경우
출판사는 그 초과액의 전부 또는 일부를 저작권자에게 청구할
수 있다.

——○ 현저하게 초과한 비용을 저자에게 청구하는 것이 현실적으로 가능
한지는 의문이다. 이런 사태가 발생할 경우 계약서를 재작성해서

인세를 조율하거나, 지급할 인세에서 공제해야 하는데 저자 관리 차원에서 이행되기 쉽지 않은 조항이다.

제12조(저작물의 수정·증감과 통지 의무)

(1) 출판사가 출판권 및 배타적 발행권의 목적인 본 저작물을 다시 출판·전송할 경우에 저작권자는 정당한 범위 안에서 그 저작물의 내용을 수정하거나 증감할 수 있다.

(2) 출판사는 출판권의 목적인 저작물을 다시 출판하고자 하는 경우에 미리 저작권자에게 그 사실을 알려야 하고, 배타적 발행권의 목적인 저작물을 다시 디지털 파일로 판매하고자 하는 경우도 1개월 이전에 미리 저작권자에게 그 사실을 알려야 한다.

(3) 저작권자가 수정·증감을 신청할 경우, 출판사는 저작권자와 협의하여 이를 행한다.

제13조(저작권자 인격권의 존중)

(1) 출판사는 저작권자의 저작인격권을 존중하여 저작권자의 성명을 올바로 표시하여야 하며, 출판사는 본 저작물의 제호, 내용·표현 또는 편집 순서 등을 변경할 필요가 있을 경우에 사전에 저작권자의 동의를 얻어서 처리한다.

──○ 예를 들면 사진, 그림의 경우 저작권자가 표시해둔 사인이나 낙관 등이 삭제되거나 편집 과정에서 잘려 나가는 경우 문제가 발생할

수 있다.

(2) 저작권자는 출판 또는 디지털 파일 및 기타 전자적 이용을 위해 필요한 범위에서 본 저작물의 가공 또는 개변(改變), 표제와 키워드 등을 부가하는 것 등을 사전에 출판사에 허락한다.

(3) 저작권자는 본 저작물의 성질이나 그 이용의 목적 및 형태 등에 비추어 부득이하다고 인정되는 범위 안에서의 변경에 대하여는 출판사에 이의를 제기할 수 없으며, 저작인격권을 행사하지 않는다.

제14조(출판·배포·전송의 의무와 판매의 권리 등)

(1) 출판사는 본 저작물을 출판·배포·전송할 의무를 갖는다.

(2) 출판사는 본 저작물의 출판물 및 디지털 파일 판매(전송)에 관하여 독점적 권리를 갖는다.

(3) 저작권자는 본 저작물의 편집·제작·홍보·판매 등에 관한 사항을 출판사에 위임하며, 출판사는 저작권자의 의견을 존중해 처리한다.

제15조(정가, 발행 수량 등)

(1) 출판사는 출판문화산업진흥법과 동 시행령에서 정하는 바에 따라 출판물의 소비자에게 판매하는 가격(이하 '정가'라 함)을 정하여 출판물에 표시해야 한다. 정가를 변경할 때에도 또한 같다.

(2) 출판사는 출판문화산업진흥법과 동 시행령에서 정하는 바에 따라 배타적 발행권에 적용되는 위 저작물은 소비자에게 판매하는 정가를 정하여 서지정보에 명기하고, 출판사가 직접 디지털 파일을 판매할 경우에는 서지정보에 명기한 정가를 구매자가 식별할 수 있도록 판매 사이트에 표시해야 한다. 정가를 변경할 때에도 또한 같다.

(3) 출판사는 출판물·디지털 파일의 정가, 전송 방법 및 이용 조건, 맨 처음 발행 부수와 발행 횟수를 독자적 판단으로 결정한다.

(4) 출판사는 출판물·디지털 파일의 장정·크기 등 외형적인 사항, 추가 발행의 시기 및 홍보·광고·판매의 방법 등 영업적인 사항을 결정한다.

(5) 출판사는 본 출판물·디지털 파일을 홍보·광고함에 있어 저작권자 또는 저작자의 명예를 훼손하여서는 아니 된다.

제16조(저작권자 및 저작재산권자의 표시)

(1) 출판사는 저작권자의 권리 보전을 위해 본 저작물의 각각의 복제물에 적당한 방법으로 저작권자 및 저작재산권자의 성명과 맨 처음의 발행 연도를 표시해야 한다.

(2) 출판사는 출판문화산업진흥법에 따라 각각의 복제물에 저자, 발행인, 발행일, 출판사명, 국제표준자료번호(또는 콘텐츠식별체계)와 같은 기록 사항을 표시한다.

──○ 저자군이 단수인 경우는 큰 문제가 없지만 다수의 집필자가 원고를 작성했을 경우 대표 저자 설정과 집필자 전원을 표기하는 방법 등을 잘 협의해서 작성해야 한다. 대표 저자를 표기할 경우 다른 저자의 동의를 받아두어야 하며, 2차적 저작물로 전환될 경우 수익금에 대한 지급 분할에 대해서도 정확하게 해두어야 한다.

제17조(원고의 반환)

저작권자와 출판사 사이에 특약이 없는 한 출판사는 본 저작물의 출판물 원고 및 디지털 파일 원고에 대한 반환 의무를 지지 아니한다.

──○ 과거와 달리 텍스트 원고는 컴퓨터를 이용해서 제공받기 때문에 큰 문제가 없지만 사진, 그림, 도표 등은 다르다. 출판사는 저자에게 작업이 완료된 후 바로 인수인계해야 한다.

　필자의 실제 경험을 전하면, 두 번에 걸쳐 원화를 분실한 적이 있다. 편집자가 인쇄 감리를 갈 때 원화를 가져갔고, 회사로 복귀하면서 가져오지 않아 분실된 것이다. 결국은 그림 작가에게 1차적으로 예의를 갖춰 사과하고 보관된 데이터를 이용해 가장 원화에 가깝게 인쇄 교정지를 만들어 제공했으며, 일정 비용도 지불했다.

제18조(계약의 해지와 출판권·배타적 발행권의 소멸)

(1) 저작권자 또는 출판사는 상대방이 본 계약의 조항을 위반할 때에는 6개월의 기간을 정하여 서면으로 그 이행을 최고(催告)하

고, 그 기간 내에 이행하지 아니하는 때에는 본 계약의 전부 또는 일부를 해지할 수 있다.

(2) 제1항에도 불구하고 출판사가 더 이상 출판과 디지털 파일 판매 의사가 없음을 표명하거나 절판 및 도산 등의 사유로 출판할 수 없는 상황이 명백한 경우에는 저작권자는 즉시 출판권 설정 계약의 해지를 출판사에 통고할 수 있다.

(3) 제1항 내지 제2항에 따라 저작권자가 출판사에 계약의 해지를 통고한 경우에는, 출판사가 계약 해지의 통고를 받은 때에 출판사의 출판권 또는 배타적 발행권이 소멸한 것으로 본다.

① 도서를 절판하고자 할 때 출판사 측에서 먼저 판매되지 않은 도서에 대해 출판권설정계약에 대한 관계를 청산할 필요가 있다. 출판사에서 판매되지 않은 도서에 대한 저작권을 보유하고 있는데 전자책이나 다른 용도로 사용하지 않을 경우 원칙적인 방향에서 저자에게 계약 파기에 대한 최종 통보를 하는 것이 바람직하다. 출판 경영적 측면에서 불필요한 데이터를 보유할 필요가 없기 때문이다.

② 저자와 출판사 관계에서 민감한 조항 중 하나이며, 국내 도서와 외국 도서의 경우 출판권설정계약서에서 차이를 보이는 조항이기도 하다.

③ 절판 기준은 최소 부수가 판매되지 않을 경우로 설정되어 있다. 가령 계약 기간이 만료되어 더 이상 연장하고 싶지 않은데, 재고 도서가 500부 정도 남아 있다고 가정을 하자. 재고 500부에 대

한 인세가 사전에 지급되었다고 판단되면 재고 도서를 완전히 소진할 때까지 팔아도 된다. 하지만 인세를 지급하지 않은 상황에서 500부를 보유하고 있다면 폐기할지, 500부에 대한 인세를 지급하고 나머지 재고 도서를 판매할지 신중하게 판단해야 한다.

④ 외서 계약서를 보면 계약 종료 후 재고 도서를 판매할 경우 6개월 이내에 소진하고 판매하지 못한 도서는 폐기하기로 되어 있다. 이러한 문제 때문에 외서의 경우 인세를 선인세로 지급하길 원한다. 판매가 원활하지 않을 경우 국내 출판사는 제작비, 물류비, 과다 재고 등으로 인한 경제적 손실이 크다. 외서는 계약이 종료되고 재계약을 할 경우 향후 판매 전략에 대한 구체적인 방법과 전략을 모색한 후 재계약을 결정하는 것이 바람직하다.

제19조(비밀 유지 및 개인정보의 취급)

(1) 저작권자와 출판사는 본 저작물의 출판·디지털 파일 및 이에 부수하는 업무 과정에서 알게 된 상대방의 개인정보를 개인정보보호법의 취지에 따라 유의하여 취급해야 하며, 사전 동의 없이 이를 누설하거나 다른 사람이 이용하도록 제공하는 행위를 하여서는 아니 된다.

(2) 저작권자는 출판사가 본 출판물·디지털 파일의 제작·광고·선전·판매 등을 하기 위해 저작권자의 정보를 스스로 이용하거나 또는 제3자에게 제공하는 것을 인정한다. 다만, 저작자의 초상·경력 등의 이용에 대해서는, 저작권자와 출판사가 협의하여

결정한다.

제20조(계약 내용의 변경)

저작권자 또는 출판사가 본 계약의 내용을 변경하고자 할 때는 쌍방이 협의해 결정하되, 저작권자와 출판사 간의 문서에 의한 합의가 없는 한 그 효력이 발생하지 않는다. 단, 구두합의가 있을 경우 그에 합당한 근거를 마련하면 인정한다.

제21조(재해·사고 등의 손실 처리)

(1) 천재지변, 전란, 화재, 기타 출판사의 고의가 아닌 불가항력에 의해 본 저작물에 대한 손해가 발생했을 경우, 저작권자는 출판사에 책임을 묻지 않는다.

(2) 배포 또는 진열 중인 도서의 소실·유실·침수·파손·낙장 또는 위탁 거래인의 파산, 기타에 의한 손실이 통상적인 한도 이상일 경우 출판사는 그 손실분에 대한 자료를 제시하고 그 저작권 사용료의 감면을 요청할 수 있다.

──○ 출판물을 보관하고 있는 물류 창고에 있는 도서들에 대해 보험을 가입해두었는지 먼저 점검을 하는 것이 좋다. 보험회사에서 쉽게 인정하지는 않지만 될 수 있으면 가입해두어야 안전하다. 제작처에 보관하고 있는 필름 또는 제작물이 천재지변이나 화재로 인해 손상되었을 경우를 대비해서 적절한 조치를 강구해야 한다. 필

름의 경우 출판사에서 보유하고 있는 데이터가 있다면 제작처에서 필름을 재출력하고 그 비용을 부담하면 된다. 그러나 필름이 아닌 CTP로 재출력할 경우 최소한의 경비만 부담하는 것도 합리적이라 판단된다. 문제는 완성된 출판물이 손상되었을 때 어느 정도까지 배상할지에 대한 합의가 필요하다는 것이다.

제22조(계약의 해지 및 소송의 합의관할)

(1) 저작권자 또는 출판사는 본 계약에 정한 사항을 위반했을 때 그 상대방은 적절한 기간을 정하여 그 이행을 최고한 후 해지할 수 있고, 또 그 위반으로 손해를 입혔을 경우 당사자는 배상 또는 보상해야 한다.

(2) 저작권자와 출판사는 천재지변 또는 고의가 아닌 사정으로 이 계약을 이행할 수 없을 경우 협의하여 이 계약을 해지할 수 있다.

(3) 이 계약과 관련하여 분쟁 또는 이견이 발생하는 경우 저작권자와 출판사는 우선적으로 한국저작권위원회에 조정 신청을 하여 그 결과에 따르기로 한다. 다만, 어느 일방이 조정 결과를 받아들이지 못하여 불가피하게 저작권자와 출판사 사이에 제기되는 소송은 출판사의 사업장 소재지를 관할하는 법원을 제1심 법원으로 한다.

제23조(특약 조항)

본 계약서에서 정한 조항 이외의 특약은 별도의 특약 조항으로 정하는 바에 따른다.

특약 사항 :

본 계약을 증명하기 위해 계약서 2부를 작성하여 저작권자와 출판
사가 서명 또는 날인한 다음 각 1부씩 보관한다.

계약 체결일 : _____ 년 ____ 월 ____ 일

저작권자의 표시

성명 :   (인)

주민등록번호 :

주소 :

계좌번호 :   은행(예금주:)

연락처 :

출판권자 겸 배타적 발행권자의 표시

출판사명 :

대표자 성명 :   (인)

사업자등록번호 :

주소 :

연락처 :

2

인세에 관한 모든 것

출판권설정계약서에서 인세율 관련 조항(제4조, 제5조)은 가장 민감하고도 복잡한 항목이다. 다른 조항은 읽지 않아도 이 조항만은 반드시 읽어보게 하거나 설명해야 한다. 그만큼 명확한 기준으로 인세율을 적용해야 추후 문제가 생기지 않는다.

인세율 적용 방식

글 하나만으로 이루어진 원고는 인세율을 정하기가 비교적 쉽지만 글, 그림, 사진, 도표 등으로 이루어진 원고는 기준을 명확히 하기가 쉽지 않다. 그러나 보통 글, 그림, 사진 등 원고가 개별적으로 형성된 경우에도 통상적으로 10퍼센트에 준해서 인세를 지급하면 된다. 물론 작가의 인지도나 여러 가지 정황에 의해 낮게 책정될 수도 있고 높게 책정될 수도 있다. 낮게 책정되는 경우는 신인 작가가 많고, 유명 작가나 대학 출판부에서 발행되는 도서는 높게 책정되곤 한다.

(1) 글과 그림이 있는 경우의 인세 배분

- 그림책 : 글 4~5퍼센트, 그림 6~7퍼센트

- 동화책 : 글 6~7퍼센트, 그림 5~4퍼센트

- 글이 많고 그림은 몇 컷 안 될 경우 : 그림에 대해 인세보다는 매절이 합리적이다.

- 글은 적고 그림이 많은 경우 : 글에 대해 인세보다는 매절이 합리적이다.

- 글, 그림, 사진 등 원고가 복잡하게 구성된 경우 : 어떻게 인세율을 배분할지 작가, 출판사 내부 기준 등을 반영해 신중하게 결정해야 한다.

(2) 글과 그림과 사진이 동시에 원고로 형성된 경우의 인세 배분

- 글 4퍼센트 : 그림 4퍼센트 : 사진 2퍼센트(매절)

- 글 4퍼센트 : 그림 2퍼센트(매절) : 사진 4퍼센트

- 글 2퍼센트(매절) : 그림 4퍼센트 : 사진 4퍼센트

- 글(매절) : 그림(매절) : 사진(매절)

인세 지급에 따라 제작 부수 기준을 탄력적으로 운영하는 방식

(1) 3,000부까지 8퍼센트, 5,000부까지 9퍼센트, 그 이상부터 10퍼센트 적용한다.

(2) 5,000부까지 9퍼센트, 그 이상부터 10퍼센트를 적용한다.

이러한 경우는 통상적으로 출판사가 한 권의 출판물을 발행하는 데 계획했던 것보다 투자비용이 높거나 제작 공정에서 발생하는 비용이

높아질 때 탄력적으로 운영하는 방법이다.

좀 더 효율적이고 이상적인 인세 지급 방식

출판사 결정에 따라 2,000부를 제작했다면 판매 부수와 관계없이 제작 부수에 따른 인세를 그대로 지급하는 경우 반품, 폐기, 재고 도서 등을 어떻게 할 것인가?

(1) 판매 부수에 따라 지급하는 방식

인세 정산을 6개월 또는 1년에 한 번씩 하는데 소량으로 판매되는 도서도 보고해야 한다. 출판사가 정직하게 인세를 보고를 한다 해도 판매가 저조해 인세 금액이 적을 경우 저자 입장에서는 출판사와 다른 감정을 느끼게 된다.

(2) 후인세로 지급하는 방식

초판은 인세를 전부 지급하지만 2쇄부터는 3쇄 제작에 들어갈 때 지급하는 방식이다. 문제는 3쇄 제작이 지연될 경우 저자는 무한정 기다려야 한다는 것이다. 제작을 자주 하면 문제가 없지만 그렇지 않으면 좋지 않은 프로세스이다.

선인세를 몇 부까지 얼마 지급할 것인가?

(1) 초판 발행 부수에 준해서 지급한다. 출판사 입장에서는 가장 이상적인 방법이다.

(2) 실제 제작은 2,000부인데 3,000부에 대해 지급한다.

(3) 실제 제작은 3,000부인데 5,000부에 대해 지급한다.

(4) 초판 제작 부수와 관계없이 7,000부 또는 10,000부까지 지급한다.

저자를 예우하는 차원에서 실제 제작하는 부수 이상의 선인세를 지급하는 경우가 많은데 출판사 입장에서는 상당한 투자를 감당해야 하는 부담을 갖게 된다. 실제로 지급된 선인세 비용이 몇 억에서 몇십 억이 되는 출판사도 있다. 어떠한 경우에는 1년 매출보다 선인세로 지급된 금액이 더 높게 지출되기도 한다. 그것을 투자라고 판단할 수도 있겠지만 경영에 얼마나 부담을 주고 있는지는 냉정히 판단해야 한다.

매절 금액은 어떻게 책정할 것인가?

(1) 평균 원고료와 매절 금액

일정한 금액을 책정해서 원고를 양도받고 지급되는 금액이기 때문에 저자와 출판사는 서로에 대한 정확한 이해관계가 필요하다. 저자는 일정한 금액을 일시불로 지급받은 대신 저작재산권에 대한 권리를 출판사에 양도해야 하고, 출판사는 저자인격권을 훼손하지 않은 범위 내에서 원고를 자유롭게 사용할 수 있기 때문에 일반적인 원고료보다는 높게 책정해서 지불해야 한다. 이때 주의해야 할 것은 사용 용도와 범위를 정확하게 협의해야 한다는 점이다. 이를테면 저자는 출판사가 원고를 전자책에 사용했을 때도 이의를 제기하지 않겠다는 양도를 했느냐 하는 것을 들 수 있다.

(2) 매절 계약 적기

매절 계약은 출판사가 자본이 있거나 전집을 만들 경우 유리하다. 왜냐하면 초판에서는 직접비가 높게 나타나지만 재판이 많을 경우 인세를 지급하지 않기 때문에 일정한 부수가 판매된다면 출판사에는 유리한 방식이다. 반면에 원가분석 결과 손익분기 부수를 넘기지 못하는데도 매절로 출판하면 출판사로서는 매우 위태로울 수 있다.

선인세, 출판사에 독일까 약일까?

발행 부수는 2,000부, 정가 12,000원, 글 저자 인세 6퍼센트, 그림 저자 인세 4퍼센트라고 가정해보자.

(1) 계약금은 1,000,000원

(2) 글 저자 선인세 : 3,000부×12,000원×6퍼센트=3,384,000원-1,000,000원(계약금)=2,384,000원

(3) 그림 저자 선인세 : 10,000부×12,000원×4퍼센트=4,800,000원 지급

이렇게 계산해보면 출판사가 선인세로 지급하는 비용이 1년에 어느 정도인지 정확하게 파악할 수 있다. 이러한 비용을 지급하기 때문에 출판사 내부적으로 출판권설정계약서를 작성하고 8개월 또는 12개월 이내에 출간한다고 작성하는데 계획대로 출판하고 있는지 점검해야 한다.

만약 출판권설정계약서에 작성된 대로 정상적으로 출판되지 않고

누적되는 도서의 종수가 많을 경우 선투자에 대한 투자비용이 높아질 수밖에 없다.

외서라면 더욱더 신중하게 선택하고 결정해야 한다. 외서를 수입해서 출판하는 경우 간혹 저작권사에서 선인세를 적게는 몇만 부에서 많게는 몇십만 부에 대한 금액을 계약금으로 요구하거나 지급하고 있다고 한다.

제작 부수와 손익 부수에 따라 매출이 다르다

출판사는 초판 2,000부를 제작했을 경우 예상 매출 등을 분석할 때 부수를 그대로 적용해서 분석하지만 실제로는 허수가 많다. 만약 홍보용으로 200부를 사용했을 때, 저자에게는 2,000부에 대한 인세를 지급했을 테고, 매출은 1,800부를 판매해서 형성하게 된다. 한 권의 도서에서는 큰 차이를 느끼지 못하지만 한 해 출간되는 모든 도서를 분석하면 적지 않은 금액이 발생한다. 이 금액은 세금 혜택도 받지 못한다. 출판사는 판매 도서로 회계 처리를 해야 한다. 출판사 내부적으로 저자, 언론, 오피니언, 서점 등에 제공되는 도서를 분석해보면 이해될 것이다.

3
저작재산권 양도 계약의 이해

저작권양도계약서 작성은 통상적으로 원고료를 인세로 지급하지 않고 일정한 금액을 지불하고 출판사가 원고를 자유롭게 사용할 경우, 그림, 사진, 도표, 그래프 등 이미지 원고를 일정한 금액을 지불하고 출판사에 권리를 양도받고자 할 때 작성한다. 또한 번역 원고를 인세로 지불하지 않고 원고료를 지불하고 출판사에 귀속시키고자 할 경우 작성하는 경우가 많다. 여러 저자가 공동으로 집필했는데 대표저자에게 모든 권리를 양도할 경우에도 작성해두면 용이하다.

저작재산권 양도 계약서

저작물의 표시

제호 :

위 저작물의 저작권자 및 저작재산권자와 출판사는 다음과 같이 위 저작물에 대해 저작재산권 양도 및 양수 계약을 맺기로 하고, 신의와 성실로써 이 계약을 준수하기로 다짐한다.

제1조 (저작재산권의 양도)

저작재산권자는 위 저작물에 대한 저작재산권 전부와 위 저작물을 원저작물로 하는 2차적 저작물 또는 위 저작물을 구성 부분으로 하는 편집 저작물을 작성하여 이용할 권리 전부를 출판사에 양도한다.

제2조 (저작재산권의 양도 등록)

저작재산권자와 출판사는 위 저작물에 대하여 저작재산권 양도 사실을 한국저작권위원회에 등록할 수 있으며, 저작재산권자는 등록에 필요한 서류를 출판사에 제공하는 등 이에 적극 협력해야 한다.

제3조 (배타적 이용)

저작재산권자는 위 저작물의 제호 및 내용의 전부 또는 일부와 동일 또는 유사한 저작물을 출판사의 동의 없이 제3자에게 이용하게 하거나 설정 계약 등을 하여서는 아니 된다.

제4조 (저작재산권의 권리 변동사항)

저작재산권자는 본 계약 이전에 위 저작물에 대하여 제3자에게 질권을 설정하였거나 저작재산권의 일부 또는 전부를 양도하였거나 이

용허락을 한 사실이 있어서는 아니 되며, 이로 인하여 손해가 발생하
였을 경우 저작재산권자가 그 배상의 책임을 진다.

제5조 (완전원고의 양도)

저작재산권자는 _____년 __월 __일까지 위 저작물의 공표를 위하
여 필요한 원고 또는 이에 상당한 자료(이하 '완전원고'라 한다)를 출판
사에 양도해야 한다.

제6조 (저작물의 내용에 따른 책임)

위 저작물의 내용이 저작권 등 제3자의 권리를 침해하여 출판사 또
는 제3자에 대하여 손해를 끼친 경우에 저작재산권자는 그 책임을
진다.

제7조 (저작인격권의 존중)

출판사는 위 저작물 저작자의 저작인격권을 존중해야 한다. 개정
및 증보 등 수정 증감이 불가피한 경우 저작자에게 알려야 하며, 만일
저작권자가 제공한 완전원고에 임의로 출판사가 손질을 가함으로써
저작인격권 침해로 인한 분쟁이 발생할 경우 출판사가 책임을 진다.

제8조 (비용의 부담)

위 저작물의 저작에 필요한 비용은 저작재산권자가 책임지며, 편
집, 제작, 홍보 등에 필요한 제반비용은 출판사가 책임진다.

제9조 (저작재산권 양도의 대가)

(1) 출판사는 저작재산권자에게 제1조에 의해 위 저작물의 저작재 산권을 양도받는 대가로 _____ 원을 지급한다.

(2) 저작재산권 양도의 대가는 추가 약정이 없는 한, 출판사는 계 약과 동시에 저작재산권자에게 계약금 _____ 원을 지급 하고, 완전원고를 양도받은 때에(양도받은 때로부터 30일 이내에) 잔액 전액을 지급한다.

제10조 (저작권자에 대한 증정 등)

(1) 출판사는 위 저작물에 대하여 종류가 다른 최초의 복제물 10부 를 저작재산권자에게 증정한다.

(2) 저작재산권자는 전항을 초과하는 복제물이 필요한 경우 정가의 65퍼센트에 해당하는 금액으로 출판사로부터 구입할 수 있다.

제11조 (제3자에 대한 저작재산권 등의 양도)

저작재산권자는 제3자에게 위 저작물에 대한 저작재산권의 전부 또는 일부를 양도 또는 이용을 허락하거나 출판권을 설정할 수 있으 며, 2차적 저작물 작성권을 양도하거나 이용을 허락할 수 있다.

제12조 (원고의 반환)

저작재산권자와 출판사 사이에 추가 약정이 없는 한, 위 저작물의 공표 후 출판사는 저작재산권자 원고에 대해 반환의 의무를 지지 아니한다.

제13조 (계약의 해석 및 보완)

본 계약에 명시되어 있지 아니하거나 해석상 이견이 있을 경우에는 저작권법이나 민법 등 관련 법률을 준용하고, 그래도 이견이 해소되지 아니하는 경우에는 한국저작권위원회 등 관련 전문 기관의 유권 해석을 따라 조리에 맞게 해결한다.

제14조 (소송의 합의 관할)

본 계약과 관련한 분쟁이 발생할 경우 출판사와 저작재산권자는 제소에 앞서 한국저작권위원회의 조정을 받아야 한다.

추가 약정 사항 :

본 계약을 증명하기 위하여 계약서 2통을 작성하여 저작재산권자와 출판사가 서명 날인한 다음 각 1통씩 보관한다.

_____년 ___월 ___일

저작권자 표시

주소 :

주민등록번호 :

연락처 :

계좌번호 :   은행(예금주:)

성명 :   (인)

저작재산권 양도의 대가로 계약금 _____ 원을 정히 영수함 (인)

저작재산권자 표시

업체명 :

주소 :

고유번호 :

성명 :   (인)

양수인의 표시

출판사명 :

대표자 성명 :   (인)

사업자등록번호 :

주소 :

연락처 :

4

해외 로열티 정산 보고 방식

우리나라도 한류 영향으로 국외로 저작권을 수출하는 빈도수가 높아지고 있다. 판매 부수를 정확히 관리하고 그에 따른 저작권료를 정산받는 것은 출판사와 저작권자를 보호하는 길이다.

외국 출판물을 번역 출판하는 빈도수도 높아지고 있다. 지급하는 로열티 금액이 높아지고 지출액도 많아지고 있다. 현실에 맞는 계약 조건과 정확한 정산이 정착되어야 한다. 대두되는 문제점 중 대표적인 예는 저작권사에서 지나친 선인세를 요구하거나 국내 출판사끼리 한 저작물을 두고 경쟁하는 것이다.

국내 에이전시의 존재와 업무를 인정하되 출판사 내부적으로 해외 저작권 업무 관련 시스템에 대한 매뉴얼을 만들어야 한다. 에이전시도 기업이고 출판사도 기업이다. 서로의 경영 시스템을 이해하고 절충하는 방안을 마련할 필요도 있다. 또한 지속적으로 저작권 업무를 전담하는 직원이 필요하다.

선인세 로열티 지급 이후 정산 방식

출판사에서 외서를 계약할 경우 선인세와 데이터 비용을 지불한다. 선인세란 예측해서 지급되는 비용이기 때문에 국내 출판 시장에서 몇 부가 판매될지를 정확하게 예측할 수는 없다. 판매가 좋아서 추가로 지급해야 되는 경우도 있지만, 판매가 저조해서 지급할 금액이 발생하지 않는 경우도 많다. 이때 주의해야 할 것은, 계약 기간이 만료되어 재계약을 해야 할 경우 저작권사가 또다시 선인세를 요구하게 된다는 점이다. 계속 그 책을 출판할지, 절판할지 신중하게 판단해야 한다. 또한 시리즈로 구성된 외서 중에 판매가 저조해 절판하거나 저작권사에서 먼저 재계약을 포기할 경우에도 조심스러운 판단을 내려야 한다.

매년 1회 또는 2회로 하는 방식

외서의 저작권사는 대체로 연 2회 정산을 원하고 있는 듯하다. 현실적으로 출판계를 보면 연 2회 정산하는 것이 쉽지는 않아 보인다. 이럴 경우 에이전시에 의뢰해서 저작권사와 연 1회 정산하는 방안을 마련하는 것이 바람직하다.

출고 부수를 기준으로 판매 현황 보고

외서 로열티를 보고하는 문제에서 아주 중요한 항목이다. 매년 로열티 보고 양식에서 판매 부수로 보고할지 제작 부수로 보고할지 출판사 내부적으로 기준이 필요하고, 에이전시와 반드시 협의해야 할 사항이다. 가령, 초판 3,000부를 제작해서 서점에 출고했고, 재고가 부족해서 재판 2,000부를 제작해서 입고했다고 가정해보자. 이때 초판 3,000부에서 초기 출고 부수가 있을 테고, 이후 추가 주문에 의해 출고한 부수가 있을 것이다. 결국 물류 회사에 재고가 넉넉하지 않아 제작하게 된 것인데, 에이전시에 보고할 때 물류 회사에 있는 재고와 재판 제작 부수만 남기고 보고할지, 초기에 신간으로 배포했던 것까지 재고로 보고할지 검토해야 한다.

증정, 기증 부수에 대한 정확한 이해

외서의 경우 로열티를 보고할 때 대체로 납득할 수 있는 부수 내에서 증정과 기증을 인정하고 있다. 폐기했을 경우에도 마찬가지이다. 증정이든 폐기든 이에 대한 정확한 사유를 제공하는 것이 중요하다.

5
정품·반품·증정·폐기 도서에 따른 문제

정품 보유 도서 중 재고 부족으로 재판을 제작해야 하는 경우가 있다. 이때 반품 도서 중에서 구정가 도서가 재고로 많을 경우 표지갈이를 할지, 폐기할지 결정해야 한다. 또한 인세 지급은 어떻게 할 것이며, 시리즈 도서의 경우 특정 도서만 정가를 인상했을 경우 나머지 도서는 어떻게 판매할지 고민하지 않을 수 없다.

먼저 구정가 도서의 재고가 많을 경우 표지갈이를 하는 것이 효과적이다. 이때 표지는 재판 도서 제작 진행 과정에서 추가로 인쇄할 수도 있고, 판매가 저조한 도서의 경우 필요한 부수만큼 표지를 인쇄해서 교체하는 것이 좋다.

정품 도서 또는 반품 도서의 과다 재고, 반품 재고로 보유하고 있는 도서를 정가 인상으로 표지갈이를 했을 경우 인세 관련 문제가 생긴다. 이때 정가 인상 수량에 대해서는 인세 보고가 이루어져야 한다. 다만, 소량의 경우를 제외하면 보고 부수에 대한 기준은 출판사 내부적으로 조율해야 한다. 예를 들면 100부 이상부터 보고할지, 200부 이상부터 보고할지 출판사 내부적으로 협의하고 저자에게도 충분하게 설명해야 한다.

출판사에서 특정 도서의 경우 시리즈나 세트로 보유한 도서가 많을 것이다. 예를 들면 열 권의 시리즈에서 세 권의 재판을 진행하면서 정가 인상을 하고자 할 때 나머지 도서 재고분에 대해서 정가를 인상할지, 순차적으로 할지 등의 판단이 중요하다. 재고 부수 대비 판매 추이를 분석하겠지만 대체로 정가를 인상할 때는 표지갈이를 하는 것이 바람직하다. 그리고 그에 따른 인상분에 대한 인세는 지급해야 한다.

절판했는데 반품이 계속해서 물류 창고에 입고될 경우 물류 담당자에게 절판 도서 리스트를 제공하고, 반품되는 즉시 폐기 도서로 분류해서 물류 비용이 발생하지 않도록 관리해야 한다. 인세는 선지급했는데 반품이 발생하는 경우가 가장 심각한 현상일 것이다. 다시 팔릴 때까지 보유하고 있을 것인가 아니면 폐기할 것인가. 대체로 폐기하는 편이 바람직하다.

출판물을 증정이나 기증으로 처리했을 경우 출판사 내부 구성원이 그 내역을 정확하게 공유하고 있어야 한다. 저자 또한 마찬가지이다. 출판사 내부적으로 기증을 대수롭지 않게 생각하는 경우가 있는데 이는 경영지원 부서 입장에서는 전혀 다른 개념으로 인식하고 있다. 출판사가 구매해서 당사자들에게 제공하는 것으로 회계처리를 하기 때문이다.

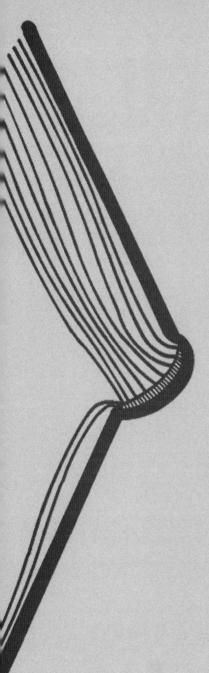

5장
출판제작 프로세스와
청구서 관리

출판경영에서 지출 비중을 높게 점유하고 있는 것이 제작처 결재 비용이다. 제작비를 어떻게 운영하느냐에 따라 출판사 경영의 투명성과 합리적 자금 운영과 더불어 효율적인 제작처 관리가 가능하다. 규모가 큰 출판사는 내부에 제작 담당자가 있어 제작 업무와 제작처 관리 체계가 있고, 신규 출판사나 영세 출판사는 제작처에 의존하고 있는 것이 다반사이다. 문제는 어떤 방식을 도입하든 아직까지도 출판사에 많은 문제점을 안기고 있다. 출판사가 유독 제작처에 관한 결재를 체계적으로 집행하지 못하는 문제점을 신중하게 검토해봐야 한다.

출판사는 출판사 나름대로 제작처를 관리하는 데 지켜야 할 기준이 필요하고, 그것을 바탕으로 좋은 출판물을 만드는 데 최선을 다해야 한다. 그래야만 제작처가 적극적으로 지원하고 협조해줄 수 있다.

1

제작 담당자의 업무

출판사의 경영 방침과 제작 방침을 이해하고 준수한다

첫째, 출판사의 경영 방침을 명확히 이해해야 한다. 출판사의 경영자, 편집자, 디자이너, 마케터의 의도를 정확하게 파악하고 거래처와 소통하는 것이다. 특히 지정된 날짜에 어음이나 현금으로 결재하는 것을 지켜야 한다. 즉 제작 거래처들이 거래 관계 유지에 대한 불안함을 느끼지 않도록 해야 한다. 출판사는 공정별로 규정된 제작처 단가표를 작성해서 적용하는 것이 무엇보다 중요하다.

둘째, 출판사의 제작 방침을 확립하고 이를 준수해야 한다. 초판과 재판 도서의 제작 방향에 대한 내부적인 합의가 있어야 한다. 따라서 출판사 내부적으로 규격화된 발주 양식을 갖추고, 주어진 양식에 의해 진행해야 한다. 이러한 매뉴얼은 제작 사고 시 신속한 대처 방안을 마련해준다. 따라서 공정별로 점검 사항을 준수하여 이행(인쇄 교정지, 접지물, 가제책, 견본 도서 등)하는 습관이 절대적으로 필요하다. 기타 협조 및 요구 사항를 표기해서 수시로 제작처와 소통하는 것이 중요하다.

제작 목표를 설정하고 발주 전략과 전술을 확립한다

출판사 자체 신간 도서와 구간 도서의 제작 일정이 충돌되지 않도록 주의해야 한다. 신간이나 세트 전략 도서의 제작 진행 과정에서 문제가 생겼을 경우 사고로 이어지는 경우가 많다. 시장 변동에 의해 제작 발주를 조율(용지값, 납품 등)하는 것도 중요하다. 납품 도서, 품절 도서, 이벤트, 저자 강연회 등에 따라 의연하게 대처하는 기술이 안정화되어 있어야 한다.

제작 진행과 뒷마무리를 이해한다

제작 발주가 원활하게 이루어지도록 하고, 각 도서별 손익분기 자료와 원가계산서 작성을 잊지 말아야 한다. 청구서 정리와 결재, 제작 사고의 처리, 거래처 관리 등 뒷마무리를 잘해야 한다.

각 공정별 거래처 인력 관리, 장기 전망, 업계 동향을 파악한다

제작처의 우수 인력이 이동하는 등의 상황을 예의 주시해야 한다. 특히 담당자가 갑자기 퇴사했을 경우 업무 리스크가 발생할 수 있기 때문이다. 제작처의 경영 마인드를 포함해서 신규 출판사가 늘었는지 등의 정보를 파악하는 것이다. 무엇보다 중요한 것은 제작처가 새로운 설비 시설을 확장했다거나, 원가절감을 위한 설비투자를 했다거나, 신기술을 도입하는 등의 변화를 도모했다면 호흡을 같이해야 한다는 점이다. 특히 제작처에서 소통되고 있는 출판계 동향에 대한 고급 정보를 습득하는 것도 중요한 업무 중 하나이다.

제작 실적과 계획 대비 분석을 한다

제작 담당자는 출판사 내부에 편성되어 있는 부서별 제작 사고를 사전에 예방하는 분석 능력이 있어야 하고, 시장 변화에 따라 원가절감 방안 마련해야 한다. 예를 들면 증정본, 표지갈이, 여유분 등을 확보하고 사소한 것이라도 제작 사고를 줄이고 예방하는 자세가 있어야 한다.

부서 간 업무에 협조한다

출판사의 경영진, 기획편집, 디자인, 마케팅 등 부서 간 업무 협조가 원활히 이루어지도록 업무를 진행해야 한다.

2
제작 담당자의 능력

판단력

출판사의 이익과 제작처 의향을 잘 구분해서 판단하고 조율해야 하는데 통상적으로 제작 사고를 분석해보면 제작처 사고보다는 출판사에서 내는 사고가 더 많다. 그래서 제작 담당자는 기획 단계부터 합류해 원고 내용을 이해하는 것이 무엇보다 중요하다. 출판사의 방향, 기획자의 의도, 편집자의 감각, 디자이너의 역할, 마케터의 요구 사항 등 포괄적으로 업무가 진행되기 때문이다. 내부적으로 의도에서 벗어난 제작이 진행될 경우 출판사에서는 잦은 사고가 발생하고, 제작처에서 발생하는 사고는 대부분 대형 사고로 연결된다.

지도력과 수완

출판사의 요구와 제작처의 상황 사이에 알맞은 결론을 도출하는 능력이 필요하다. 출판사 내부에서 발생한 사고를 수습하는 경우와 제작 사고를 일으킨 제작처에 협조를 당부하는 경우가 있는데, 최고의 결과를 얻기 위해서 협상뿐만 아니라 때로는 강력한 추진력을 발휘해야 한다.

정신력과 인내력

출판제작은 늘 예상치 못한 제작 사고를 처리하는 것이 가장 어렵다. 이러한 이유는 공정별로 발주 환경이 복잡하고, 제작처를 향한 온갖 요구와 도전 등에 적절하게 대처해야 하기 때문이다. 특히 제작 담당자는 야간 근무 및 휴일 근무도 감수해야 하는 불편함이 있어 정신과 육체에 가해지는 부담감을 감당하려면 강인한 정신력과 인내력이 필요하다.

의사소통 능력

출판사와 제작처 사이에 필요한 인간관계를 구축하는 것이다. 자신의 의도와 상대방의 입장을 서로 잘 이해하고 받아들이려는 의사소통 능력이 필요하며, 이를 통해 출판사와 제작처 간에 신뢰가 쌓인다.

3

신간 도서 제작 프로세스

출판사가 지켜야 할 프로세스

1. 기획편집
   - 반드시 편집 배열표 작성
   - 반드시 제작 사양서 작성
   - 반드시 인쇄 교정지 점검
   - 반드시 인쇄물(접지물) 점검
   - 반드시 가제책(샘플 도서) 점검

2. 디자인
   - 신중한 판형과 레이아웃
   - 신중한 용지 선택
   - 신중한 LP 교정지, 컬러 교정지 활용
   - 신중한 인쇄 감리

3. 제작

- 기획편집, 디자인, 마케팅 등 관련 부서와 제작 관련 업무 협의
- 제작 업체에 가제책을 통해 가제책 협조를 요청한다.
- 가제책이 완료되면 제작 과정에 발생하는 문제점, 특이 사항 등을 관련자에게 전달한다.
- 가제책 검토 후 합의되면 제작 담당자가 원가분석을 요청한다.
- 제작 사양서를 근거로 원가분석(손익분기 부수) 자료를 기획편집 및 마케팅팀에 전달한다.
- 원가분석 자료를 바탕으로 기획편집과 마케팅 회의를 거쳐 정가를 결정한다.
- 원가분석 자료를 검토한 후 문제점이 있으면 다시 기획편집에 전달하여 수정하고 문제점이 없을 경우 원가분석(손익분기) 자료를 확정한다.
- 기획편집에서 먼저 필름을 검판하거나, CTP 등 인쇄 교정지를 확인하여 수정 사항이 발생할 경우 수정 필름과 편집 배열표를 제작 담당자가 받는다.
- 제작 담당자는 전달받은 필름과 인쇄 교정지, 최종 데이터, 수정 사항 등을 다시 확인하고 발주서를 작성한다.
- 제작 담당자는 작성된 발주서에 제작 사양서(도표 11), 원가분석(손익분기) 자료를 첨부하여 내부 결재 절차에 의해 진행한다.
- 각 공정별 거래처로 발주서(도표 12)를 전송하고, 인쇄 업체와 인쇄 감리 일정, 용지 입고, 제책 일정, 입고 일정을 확인한다.

제 작 사 양 서

담당	팀장	이사	사장

2016년 1월 7일 작성자

도서명:

담당/구분	작업자	비용	단가	작업량	일정	
번역 감수		-	-		OK교정지	
데이터비용			-		CTP 출력	
편집					CTP 인쇄	
디자인					제 본	
조판/수정					입 고	

가격결정 고려사항

저 작 권 자	박찬수	인 세	10%	기 타
판 형	신국판	부 수	1,000부	
사 이 즈	153*225	공급율	70%	
분 량	200쪽	예정가	18,000원	

인쇄

구분	본문	표지	커버	면지			
인쇄도수	1+4	4+0	4+0	0+0			
사 이 즈	153 x 225 ㎜	377 x 224 ㎜	597 x 224 ㎜	185 x 224 ㎜			
용 지	하이플러스	스노우	매직패브릭	매직칼라			
	100g	250g	120g	120g			
			아이보리	E군 검정			
코 팅		유광라미네이팅					
특기사항	앞표지 제목 : 유광 먹박						

제책

무선제책	아지노무선	미싱각양장	사철각양장	톰슨	박인쇄	가름끈
미싱반양장	사철반양장	아지노환양장	사철환양장	중철제책	형압	헤드밴드

기타 전달사항

[도표 11] 초판 제작 사양서

발주서 원장

발 주 서 원장

기초사항	출판경영					담당	부서장	사장
	판쇄	1판 1쇄						
	수량	1000						
	판형	신국판						
	인지							
	비고							

구분사항	구분	계열	쪽수	용지	정미	인쇄도수 (면,발,베,형)		가로	세로
	본문	국전16 절	196 쪽	100브리에 /국전	12.3	4 도 1,1,0,0/1,1,0,0		153	225
	면지	국전16 절	4 쪽	120매직(B) /46전	0.3	0 도 0,0,0,0/0,0,0,0			
	표지	46횡전6 절	2 쪽	250아트지 /46횡전	0.3	4 도 4,0,0,0/0,0,0,0			

No	공정	구분	수량	작업업체	납품예정일	비고
1	표지 디자인	/	1			
2	본문 디자인	/	196P			
3	용지	본문/	16연	한솔 PNS		100브리에/국
4	용지	면지/	0.25연	한솔 PNS		120매직(B)/46/노른자색
5	용지	표지/	0.6연	한솔 PNS		250아트지/46횡
6	CTP소부	본문/국 1	6대 * 4도	아르텍인쇄		
7	CTP소부	본문/국 1	1대 * 4도	아르텍인쇄		
8	인쇄	본문/국 1	11연 * 6도	아르텍인쇄		/6대
9	인쇄	본문/국 1	1연 * 6도	아르텍인쇄		/0.125대
10	CTP소부	표지/46 2	1대 * 4도	아르텍인쇄		
11	인쇄	표지/46 2	1연 * 4도	아르텍인쇄		/0.3333대
12	코팅	표지/46 2	1연	아르텍인쇄		라미유단면
13	제본_무선	신국판/	1000권	경문제책		좌철/면지2+2

[도표 12] 초판 발주서 원장

- 인쇄가 완료되면 인쇄 업체로부터 인쇄물을 전달받아 관련 부서 검토 후 제책 진행을 요청한다.
- 신간 도서가 입고되면 물류 창고에서 입고증이 본사 출고 담당자에게 전달되고, 입고를 잡은 뒤 제작 담당자에게 전달되면 제작 발주 프로그램에 입고일, 입고 완료, 입고 부수를 기록한다.

제작처가 지켜야 할 프로세스

1. 스캔 및 출력 업체
   - 그림 원고와 사진 원고를 데이터화 과정에서 완성도를 높이는 데 협조해야 한다.
   - 데이터 이동 시 안전사고에 주의해야 한다.
   - 본문 및 표지 교정지 과정에서 출판사가 요구한 완성도를 높여야 한다.

2. 인쇄 업체
   - 인쇄 감리 과정에 출판사 편집자나 디자이너와 충분히 소통할 필요가 있다.
   - 완료된 인쇄물을 반드시 출판사에 전달해야 한다.

3. 제책 업체
   출판사에서 가제책을 의뢰했을 경우 꼼꼼히 점검하고 궁금한 사항에 대해 의견을 제시해야 한다.

4. 지업사
   출판사에서 가제책과 인쇄 교정지에 필요한 용지를 협조해달라고 요청할 경우 적극적으로 이에 응해야 한다. 향후 진행되는 신간 도서에 대한 사전 정보를 공유하기 때문이다.

4
신중한 제작 부수 결정

재판 도서 제작은 누가 담당하는가?

출판사마다 재판 도서 제작 프로세스는 다를 것이다. 재판 도서 제작을 진행하는 담당자를 분석해보면 제작 담당자, 마케팅팀 직원, 출고 담당자, 디자이너, 편집장 등이 맡는 것으로 파악된다. 당연히 1인 출판의 경우 대표이사가 직접 진행할 것이다. 재판 도서 제작은 신간 도서 제작보다 더 신중하고 중요하다. 초판 제작과 달리 재판은 판매 부수를 잘못 예측할 경우 과다한 재고 및 장기 재고의 보유로 이어지고, 이로 인해 투자된 제작비, 지급된 인세, 물류비 부담으로 출판사는 재정적 압박을 받게 된다.

재판 도서 제작 프로세스

모 출판사 제작 업무는 정기적으로 또는 수시로 마케팅팀과 경영지원팀에서 운영하는 판매 관리 프로그램을 통해 정품과 반품 재고 현황을 파악하면서 이루어진다. 그러한 과정에서 재판을 제작해야 할

재 판 의 뢰 서

<table>
<tr><td rowspan="2">결</td><td></td><td>담 당</td><td>부 장</td><td>사 장</td></tr>
<tr><td></td><td></td><td rowspan="4"></td></tr>
<tr><td rowspan="3">재</td><td>담당편집자</td><td></td></tr>
<tr><td>인세수급자</td><td></td></tr>
<tr><td>연락 확인</td><td></td></tr>
</table>

작성자 : 제작담당

작성일 : 2016년 10월 17일

1. 도 서 명 :
2. 정   가 :   원
3. 저 자 명 :
4. 정품재고 :   부
5. 반품재고 :   부

6. 월 평균 부수 :   (7 월) :   16 부
                    (8 월) :   14 부
                    (9 월) :   119 부
                   3개월 평균 :   50 부
                    (10 월) :   13 부

7. 재판 현황
  가) 총   재판 부수 :   9,452 부 (입력된 자료의 처음부터 현재 까지의 현황임)
  나) 최근 재판 부수 :   부
                    (년   월)

8. 입고 희망일 :   년   월   일
9. 재 판 부 수 :   부
10. 판   쇄 :
11. 수 정 사 항 :

<table>
<tr><td>(영업부)</td><td></td></tr>
<tr><td>(편집부)</td><td>판권 수정</td></tr>
</table>

[도표 13] 재판 의뢰서

도서가 발생하면 사내 인트라넷으로 해당 도서 리스트 기증품위서를 작성해서 내부 결재 승인 후 진행한다. 기증품위서는 재판 도서 참고 용으로 작성하며 각 도서명과 최근 판 쇄를 기재하고 각 2부씩 물류 창고에서 본사 입고를 요청한다. 재판 진행 견본 도서가 본사에 입고 되면 판매관리 프로그램을 통해 재판 의뢰서를 작성한다.

1. 재판 의뢰서(도표 13)를 작성할 때 제작 담당자가 체크 중인 수정 사항, 원가절감 사항, 정가 인상, 제작 부수 등 특이 사항들을 기 재하며, 원가분석(손익분기) 자료를 첨부한다.

2. 재판 의뢰서를 다 작성하면 도서 1부와 원가분석(손익분기)(도표 14) 자료와 함께 마케팅팀에 전달하고 나머지 도서 1부는 기획편 집 담당자에게 전달한다.

3. 마케팅팀에서는 정가 인상, 제작 부수 등을 재판 의뢰서에 기재 하여 도서 1부와 함께 제작 담당자에게 다시 전달한다.

4. 제작 담당자는 마케팅팀의 의견을 검토한 후 재판 의뢰서를 기 획편집의 담당자에게 전달한다.

5. 기획편집에서는 수정 사항을 점검 후 판권, 본문, 표지 등 수정 사항을 재판 의뢰서에 기재하고 견본 도서 1부에도 표시하고 수 정 필름을 출력하여 재판 의뢰서와 견본 도서 1부를 제작 담당자 에게 전달한다.

6. 제작 담당자는 수정 사항을 다시 한번 확인하고 제작 발주 프로 그램을 사용하여 발주서(도표 15)를 작성한다.

도서별 손익분기 분석

기초사항

도서명:

판쇄	재판		예상매출액	10,500,000	
수량		1,000	손익분기_매출액	6,708,215	
정가		15,000	예상손익	3,791,785	36.11%
할인율		70%	인세 10.00%	1,500,000	14.29%
매가		10,500	광고비	630,000	6.00%
손익분기부수		639	일반관리비	1,680,000	16.00%
권당공헌이익		3,792	물류비	630,000	6.00%

구분사항

구분	계열	쪽수	용지	정미	인쇄도수 (원,별,배,형)	가로	세로
본문	국전16절	272쪽	80미색 /국전	17.0	4 도 1,1,0,0/1,1,0,0	150	225
면지	46전16절	4쪽	120밍크C군 /46전	0.3	0 도 0,0,0,0/0,0,0,0		
표지	46횡전6절	2쪽	250스노우 /46횡전	0.3	4 도 4,0,0,0/0,0,0,0		

No	공정	구분	계열	수량	단가	금액	비고	%
1	용지	본문	/	19.25연	37,690	725,532	80미색/국	7.60%
2	용지	면지	/	0.28연	178,510	49,982	120밍크C군/46	0.52%
3	용지	표지	/	0.58연	170,000	98,600	250스노우/46횡	1.03%
6	CTP소부	본문	국/ 1	8대 * 4도	8,000	256,000	터잡기:머리맞추기	2.68%
7	CTP소부	본문	국/ 1	1대 * 4도	8,000	32,000	돈땡/터잡기:머리맞추기	0.34%
8	인쇄	본문	국/ 1	16연* 6도	3,600	345,600	/8대/별색지정	3.62%
9	인쇄	본문	국/ 1	1연* 6도	3,600	21,600	돈땡/0.5대/별색지정	0.23%
14	CTP소부	표지	46/ 2	1대 * 4도	8,000	32,000		0.34%
15	인쇄	표지	46/ 2	1연* 4도	8,000	32,000	/0.3333대	0.34%
16	코팅	표지	46/ 2	0.34연	55,000	18,700	라미유단면	0.20%
17	패턴에폭		/	1	250,000	250,000	브리다패턴 (탈+타이틀빠짐)	2.62%
18	제본_ 무선		/	1000부	200	200,000	/좌철/2+2	2.10%
	소계	2,062,014	부가세	206,201	직접비총계		2,268,215	21.60%

[도표 14] 재판 원가분석 자료

7. 작성된 발주서와 재판 의뢰서와 원가분석(손익분기) 자료를 첨부
하여 내부 결재를 진행한다.

8. 각 거래처에 발주서를 전송하고 동시에 용지 입고일, 인쇄 일정,

발 주 서 원장

기초사항

		담당	부서장	사장

판쇄   1판 4쇄
수량   700
판형   12절판
인지
비고   판권수정, CTP출력//면지 여분(사람이뭐예요 책놀이 하리꼬미)

구분사항

구분	계열	쪽수	용지	정미	인쇄도수 (원,별,베,형)	가로	세로
본문	6횡전12 절	36 쪽	150모조 /46횡전	2.1	8 도 4,0,0,0/4,0,0,0	225	245
표지	46횡전4 절	2 쪽	150스노우 /46횡전	0.4	4 도 4,0,0,0/0,0,0,0		
합지	6횡전12 절	4 쪽	합지1400 /46횡전	0.2	0 도 0,0,0,0/0,0,0,0		
면지	6횡전12 절	12 쪽	150모조 /46횡전	0.7	8 도 4,0,0,0/4,0,0,0		

No	공정	구분	수량	작업업체	납품예정일	비고
1	용지	본문/	3연	한솔 PNS		150모조/46횡
2	용지	표지/	0.6연	한솔 PNS		150스노우/46횡
3	용지	합지/	0.29연	승창지류유		합지1400/46횡
4	용지	면지/	1연	한솔 PNS		150모조/46횡
5	ctp소부	본문/46 2	3대 * 8도	삼성인쇄		터잡기:머리맞추기
6	ctp소부	본문/46 2	1대 * 8도	삼성인쇄		터잡기:머리맞추기
7	인쇄	본문/46 2	2연* 8도	삼성인쇄		/3대
8	인쇄	본문/46 2	1연 * 8도	삼성인쇄		/0.6667대
9	ctp소부	면지/46 2	1대 * 8도	삼성인쇄		
10	인쇄	면지/46 2	1연* 8도	삼성인쇄		/0.6667대/4p loss
11	ctp소부	표지/46 2	1대 * 4도	삼성인쇄		
12	인쇄	표지/46 2	1연 * 4도	삼성인쇄		/0.5대
13	코팅	표지/46 2	1연	삼성인쇄		라미무단면
14	제본_각양장	/	700부	신안제책사		/좌철,연결그림접지주의
15	제본	/	1	신안제책사		수첩 재단주의

[도표 15] 재판 발주서 원장

제책 일정, 입고 일정을 확인한다.

9. 인쇄가 완료되면 인쇄 업체로부터 인쇄물을 전달받아 확인한 후 기획편집팀에 전달하여 검토한 뒤 내부 승인을 받는다.

10. 인쇄물에 문제가 없을 경우 제책 업체 담당자에게 유의 사항,

입고 일정 등을 전달하고 제책 작업을 진행한다.

11. 재판 도서 제작 완료 후 견본 도서 10부를 본사에 입고하여, 각 팀 담당자가 최종 검토한다.

12. 재판 도서가 모두 입고 완료되면 물류 창고에서 입고증이 본사 출고 담당자에게 전달되고 입고를 잡은 뒤 제작 담당자에게 전달되면 제작 발주 프로그램에 입고일, 입고 완료, 입고 부수를 기록한다.

13. 발주가 끝나면 재판 의뢰서는 상반기, 하반기로 분류해 자료로 보관한다.

5

제작처 청구서 관리 업무

제작비 결재 체계가 얼마나 제대로 잡혀 있느냐에 따라 출판사마다 제작처의 청구서를 관리하는 방식이 많이 다를 것이다. 지정된 일자에 지급하는가, 현금 결재인가 어음 결재인가, 어음이라면 타수어음인가 자가어음인가 등 다양한 방식으로 결재가 이루어지고 있다.

모 출판사의 경우 제작 발주서를 당사 제작 프로그램에 올려두면 제작처에서 발주서를 출력하는 방식으로 운영하고 있고, 제작처가 발주서 출력할 때 제작 단가가 적용되어 있어 청구서를 제출할 때 동일한 단가로 제출해야 한다.

많은 출판사의 이야기를 들어보면 경영지원팀은 공정별 단가표를 보유하지 않고 있다고 한다. 이럴 경우 청구서가 들어오면 상호 점검할 수가 없다. 즉 제작 담당자가 제작처에서 청구한 금액을 그대로 결재하는 경우가 많다는 것이다.

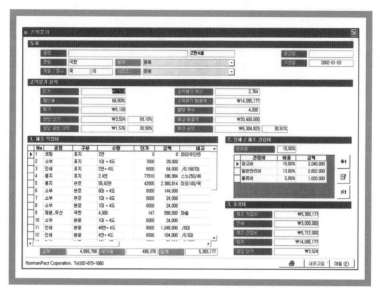

[도표 16] 제작 발주 프로그램

다음은 한 출판사의 제작처 청구서 관리 업무 체계이다.

1. 매월 말일부터 외주 디자인, 용지, 인쇄, 제책, 스캔 및 출력, 코팅 및 라미네이팅, 후가공 등 각 거래처로부터 청구서를 받는다.

2. 제작 담당자는 팩스와 이메일로 각 거래처의 거래명세서를 받아 수정 사항과 의문 사항, 협의 사항 등을 제작 발주 프로그램(도표 16)을 통해 거래처별 단가표와 대조하며 확인 작업을 한다.

3. 거래명세서 대조 확인 작업이 완료되면 각 거래처 담당자들과 통화해 세금계산서를 발행할 수 있도록 한다.

4. 세금계산서 마감일은 매월 10일로 정하며 거래처 결제일은 세금계산서 발행일로부터 45일 후로 한다.

5. 제작 청구서가 정상적으로 마감될 경우 경영지원팀에서는 도서
별 제작 내역을 코드로 분류하여 전산화하고 연말에 자료 분석
및 결산을 한다.

제작처 이해와 청구서 관리

원가절감을 위한 용지 선택은?

1. 출판제작 공정에서 가장 많은 비용을 차지하는 것이 용지값이다. 본문 용지, 표지 용지, 면지, 커버, 띠지 등 출판물을 만드는 데 사용하는 용지를 얼마나 잘 선택하느냐는 아주 중요하고도 결정적인 문제가 될 것이다. 그중에 가장 중요한 것은 해당 도서의 정미와 여분을 잘 적용하고 있는지 항상 되돌아봐야 한다는 점이다.

2. 제지 회사마다 제품의 특성과 인쇄 느낌이 다르고 전문적으로 주력하는 제품을 생산하고 있다. 업체는 한솔제지, 무림제지, 한국제지, 두성용지 등이 있다.

3. 용지는 제지 회사, 지업사(도매 업체와 소매 업체)에서 출판사가 거래하는 인쇄 업체로 제공된다.

4. 용지 대금은 현금 거래와 어음 거래가 있으며, 고시가에 의해 공급되는 할인율이 다르기 때문에 시장 환경에 따라 달라지는 용

거래명세표

기 간 : 2016년09월01일 ~ 2016년09월30일

	사업자 등록번호				사업자 등록번호		
공 급 받 는 자	상호		성명	공 급 자	상호		성명
	주소				주소		

월/일	품목	규격	수량	총중량	단가	공급가액	세액	합계	비고
09/02	HI-Q수오매트백	150	1,150	51,520	46,768	53,763	5,378	59,161	그래노,뵐리겐원지(백색계) 표지
09/02	미적광긴스우유	110	0,900	42,570	135,527	120,264	12,026	132,290	그래노,뵐리겐원지 연지
09/03	네오스타미색백상지 (무림) 연미	100	15,500	569,190	39,026	604,303	60,430	665,363	그래노,뵐리겐운동계제품 연료
09/08	대칭화봉S사이백	110	0,420	19,696	175,853	73,860	7,385	81,236	SA 5)3반지원 연지
09/08	HI-Q수오매트백	150	0,480	20,608	46,768	21,513	2,151	23,694	SA 5)3반지원 표지
09/08	HI-Q수오매트백	250	1,700	91,290	56,049	95,283	9,528	104,811	SA 5)3반지원 표지
09/08	HI-Q수오매트백	150	1,500	80,550	56,049	84,074	8,407	92,481	SA 6)3월 춤은 거짓 표지
09/08	HI-Q수오매트백	150	0,480	20,608	46,768	21,513	2,151	23,694	SA 6)3월 춤은 거짓 표지
09/08	E-Light 미	150	0,480	564,354	24,545	682,715	66,271	728,986	SA 5)3반지원 본문3
09/08	E-Light 미	70	27,000	219,471	24,545	257,723	25,772	283,495	SA 5)3반지원 본문3
09/08	E-Light 미	70	10,500	24,545	24,545	44,181	4,418	48,599	SA 5)3반지원 본문1
09/08	E-Light 미	70	1,800	37,624	24,545	398,856	39,885	438,741	SA 5)3반지원 본문1
09/08	백라이스 미	70	16,250	339,668	24,545	61,614	6,161	67,775	SA 6)3월 춤은 거짓 연지
09/23	백라이스 미 (무림) 외산	120	0,800	15,049	146,700	173,440	17,344	190,784	Yes, you can learn korean!제품1 표지
09/23	HI-Q수오매트백	100	7,600	163,400	33,234	6,847	684	7,311	Yes, you can learn korean!제품1 표지
09/23	HI-Q수오매트백	150	0,200	6,439	22,821	18,707	1,870	20,577	Yes, you can learn korean!제품1 표지
09/23	HI-Q수오매트백	200	0,300	17,910	62,357	17,463	1,746	19,206	Yes, you can learn korean!제품1 표지
09/23	HI-Q수오매트백	200	0,290	17,744	62,357	17,282	1,728	19,010	Yes, you can learn korean!제품1 연지
09/27	HI-Q수오매트백	150	0,520	33,234	45,685	45,685	4,598	50,253	Yes, you can learn korean!제품1 본문
09/28	백라이스 미	100	1,000	43,000					백라이스 미 본문
	합 계		87,960	2335,557		2,779,493	277,343	3,057,436	

결품재입	용물매출	용물수금	용물잔액
2,663,536	3,067,436	2,048,973	
			3,671,998

상호: (주)한솔출판사

FAX: 02-730-5149   PAGE:

FSC Mix Credit [SGSHK-COC-010646] 인증 제품입니다.
거래명세표는 통목련합의 [FSC] 표기가 있는 제품들은

:Hansol
한솔PNS

[도표 17] 용지 대금 청구서 예시

지값 변동에 민감하게 대응해야 한다.

5. 레자크지, 특수지 또는 수입지의 경우 공급이 어려울 수도 있고,

합지 단가표

품명		단가
평량	사이즈	연당 단가
Y.K-1800	1100×830	756,000
	1091×788	713,000
Y.K-1600	800×960	638,000
	1091×788	633,000
	1100×810	656,000
	800×1125	610,000
	1100×800	644,000
	1100×820	667,000
	1091×830	678,000
Y.K-1500	1091×788	594,000
Y.K-1400	790×788	278,000
	1091×788	555,000
Y.K-1200	1091×788	540,000
Y.K-1000	1091×788	450,000
Y.K-800	1091×788	360,000

※ 특이 사항은 별도로 산출한다.

용지값이 다를 수 있어 항상 점검해야 한다. 따라서 제지 회사나 지업사는 입수 가능한 다양한 제품을 알리고 공급해야 하며, 가격 변동 등 시장 변동이 있는 경우 신속한 정보 제공은 필수이다.

필요한 것만 출력하고 있는가?

1. 출력은 모든 출판제작물 사고의 시작이다. 필름 출력이 되었든,

PDF 파일이 되었든 꼼꼼하게 점검하는 것은 기본이자 반드시 필요한 과정이다.

2. 출판사가 주력하는 출판물 조건에 맞는 설비 시설이 제대로 갖추어졌는지 파악하는 것이 중요하다. CTF 출력이든 CTP 출력이든 마찬가지이다.

3. 출판물 인쇄 방식, 제책 방식 등 제작 프로세스 경험이 풍부한 인적 구성이 갖추어졌는지 파악해야 한다.

4. 유사 도서를 출판하는 출판사와 거래하고 있는지 점검해야 한다. 일러스트 원고를 전문적으로 하거나, 사진 원고를 전문적으로 하고 있는지 점검해야 한다.

5. 출판물 출력에 대한 전문성을 갖추고 있는지 점검해야 한다.

6. 최상의 서비스 마인드를 갖추고 있는지 파악해야 한다.

- 출력 과정에 사고가 발생하지 않도록 주의 사항을 업체에 전달한다.

- 필름 출력이든 PDF 파일이든 업체에서 먼저 확인 작업을 거친 뒤 출판사 담당자에게 전달한다.

- 기획편집팀이나 디자인팀으로부터 전달받은 필름은 제작팀에서 한 번 더 확인하고 인쇄 업체에 전달한다.

- 출판사가 주력하는 도서에 대해서는 별도의 단가를 책정하는 것도 효과적이다.

7. 규격 외 출력비는 1도의 경우 가로×세로×3.2원 정도 책정하고, 4도의 경우 가로×세로×16~18원 정도 책정하는 것이 적당하다.

필름 출력비 단가표

국전지 계열

판형 및 용지규격	도수	A회사	B회사
대국전 720×1020	1	19,200	22,000
대국전 720×1020	4	79,800	88,000
국전지 636×939(A1)	1	17,900	18,000
국전지 636×939(A1)	4	71,600	72,000
국2절 469×636(A2)	1	8,900	9,000
국2절 469×636(A2)	4	35,700	36,000
국4절 318×469(A3)	1	4,400	4,500
국4절 318×469(A3)	4	17,800	18,000
국배판 210×297(A4)	1	1,800	2,500
국배판 210×297(A4)	4	7,400	10,000
신국판 153×225(A5)	1	1,000	1,000
신국판 153×225(A5)	4	6,000	6,000

사륙전지 계열

판형 및 용지규격	도수	A회사	B회사
사륙전지 788×1091(B1)	1	25,700	25,000
사륙전지 788×1091(B1)	4	102,800	100,000
사륙2절 545×788(B2)	1	12,800	13,000
사륙2절 545×788(B2)	4	51,200	52,000
사륙4절 394×545(B3)	1	6,400	6,500
사륙4절 394×545(B3)	4	25,600	26,000
사륙타블 257×366(B4)	1	2,800	3,500
사륙타블 257×366(B4)	4	11,200	14,000
사륙배판 188×257(B5)	1	1,400	2,000
사륙배판 188×257(B5)	4	5,600	6,500

제작비 청구서

작성일 : 2016년 09월 30일

수 신 :			공급자	등록번호			
담 당 :				상 호		성 명	
제 목 : 09월 출력비				사업장			
				업 태		종 목	

아래와 같이 청구합니다.

합 계 금 액		₩					1,035,337	담당자확인	(인)
요일	화 일 명	작업명	규 격		색도	수량	단 가	공 급 가 액	비고
			한림 출판사						
9/20	지문	스캔	21.5	26	4	1	13,975	13,975	
	지문 글자지우기	수정				1	10,000	10,000	
9/29	한국사 총론	스캔	15	22	4	24	8,250	198,000	
9/30	어린이 문집	스캔	18	25	4	27	11,250	303,750	
		스캔	36	26	4	19	23,400	444,600	
							공급가액	970,325	
							-3%	- 29,110	
								941,215	
							부가세	94,122	
							합 계	1,035,337	

[도표 20] 출력비 청구서 예시

[도표 21]   **인쇄 판비**

분류	사이즈	단가(원)
일반 인쇄판	국전, 사륙	7,000
CTP 써멀	국전, 사륙	8,000
CTP UV	국전, 사륙	10,000원

※ 특정 거래처의 인쇄 판비는 단가표 외 별도로 적용된다.

8. 출판사 내부적으로 실수가 있어 일부 페이지를 재출력했을 경우 단가의 70퍼센트 정도 적용하는 것도 좋다. 사실 전 세계적으로 필름 수요가 급격하게 줄고 있다. 수동카메라에서 디지털카메라로 전환되었듯이 출판물도 인쇄 필름을 사용하던 방식에서 CTP로 전환하고 있는 추세이다. CTP 출력의 경우, 인쇄 업체가 CTP 설비를 보유하고 있는 것과 출력실에서 CTP 판을 사용하는 것에 따라 단가 차이가 있다.

9. 인쇄 판비 작성법 예시
   - 판형 : 신국판(153mm×225mm)
   - 제작 부수 : 3,000부
   - 본문 : 320쪽
   - 본문 인쇄 : 전면 4도+후면 4도
   - 청구액 산정 방식 : 320쪽÷32쪽 = 10대×8판(전면 4장/후면 4장) ×8,000원 = 640,000원

10. 스캔비 단가
   - 단도 스캔

- 가로×세로×20원

- 기본 2,500원(협의 사항)

- 100컷 이상의 경우 2,300원(협의 사항)

• 컬러 스캔

- 가로×세로×26원

- 기본 3,500원(협의 사항)

- 100컷 이상의 경우 3,300원(협의 사항)

인쇄할 때 지나친 색상을 선택하지는 않는가?

1. 출판사에서 주력하고 있는 출판물에 맞게 인쇄 설비 시설을 갖추고 있는지 점검해야 한다. 단행본 인쇄물, 상업 인쇄물, 성경 또는 사전류 인쇄물에 따라 인쇄 기계가 다르고 단가도 다르기 때문이다.

2. 출판사에서 요구하는 만족스러운 인쇄물을 접하기 위해서는 적정한 인쇄 단가를 설정하는 것이 중요하고, 우수한 인쇄 기술자를 고용하고 있는지 판단해야 한다. 그래야 고품질의 인쇄물을 받아볼 수 있다.

3. 인쇄 색상(4원색, 별색, 형광색, 원색)에 따라 달라지는 인쇄비 단가와 인쇄 과정에서 변수로 등장하는 인쇄비 단가를 출판사 기준에 맞게 전체 거래처에 동일하게 합리적으로 책정했는지 점검해야 한다.

4. 인쇄 작업 지시는 제작 발주서를 이용해서 거래처가 인쇄를 진

표지 및 본문 접지물

행할 수 있도록 해야 한다. 제작 발주서 내용과 지시 사항을 인쇄 업체에서 필히 숙지하고 인쇄 사고가 발생하지 않도록 해야 한 다. 인쇄 과정 중 출판사에서 발주한 내용과 필름이 동일한지 확 인하고, 특이 사항이 발생했을 경우에는 인쇄 업체에서 바로 출 판사 담당자에게 연락을 하도록 해야 한다.

5. 인쇄 완료 후 출판사는 모든 인쇄물(본문, 표지, 띠지, 커버, 엽서 등) 이 반듯하게 페이지 순서대로 접히고 책 판형과 동일하게 재단 된 접지물(인쇄물)을 받아서 확인해야 한다.

6. 인쇄 업체의 전반적인 동향을 관찰하고 항상 흐름을 파악하고 있어야 한다.

인쇄비 단가표

그림책 인쇄						
분류	국전, 대국전, 사륙반절, 사륙					
부수	원색			단색		
	R(국전)	R(대국전)	R(46)	R(국전)	R(대국전)	R(46)
1,000부	4,000	6,300	7,000	3,600	5,500	6,200
2,000부	3,150	5,600	6,300	2,700	4,700	5,400
3,000부	2,500	4,300	5,000	2,300	3,900	4,600
4,000부	2,100	3,500	4,200	2,000	3,200	4,000
5,000부	1,650	2,600	3,300	1,500	2,300	3,000
7,000부	1,400	2,100	2,800	1,250	1,800	2,500
10,000부	1,300	1,700	2,400	1,000	1,700	2,000

단행본 인쇄 (그림책 제외)						
분류	국전, 대국전, 사륙반절, 사륙					
부수	원색			단색		
	R(국전)	R(대국전)	R(46)	R(국전)	R(대국전)	R(46)
1,000부	4,000	5,500	6,000	3,600	5,500	6,200
2,000부	3,150	4,500	5,500	2,700	4,900	5,400
3,000부	2,500	3,500	4,500	2,300	3,900	4,600
4,000부	2,100	3,000	3,500	2,000	3,100	4,000
5,000부	1,650	2,800	3,000	1,500	2,200	3,000
7,000부	1,400	2,500	2,500	1,250	1,700	2,500
10,000부	1,300	2,000	2,100	1,000	1,500	2,000

거 래 명 세 서

아래와 같이 합니다.
2016 . 09 . 30 .

일 금(공급가+부가세) :   ₩   592,900   원정

품 명	규 격	수 량		단 가	금 액
구두 전쟁		2,000부			
(내 역)					
본 문 인 쇄 판	CTP	20판		8,000	160,000
인 쇄 대		10.0R	8도	3,150	252,000
면 지 인 쇄 판	CTP	4판		8,000	32,000
인 쇄 대		2.0R	3도	8,000	48,000
표 지 인 쇄 판	CTP	4판		8,000	32,000
인 쇄 대		1.0R	4도	8,000	32,000
소 계					556,000
계					539,320
절사					320
청구액				97%	539,000
부과세					53,900
계					592,900

[도표 23] 인쇄비 청구서 예시

146

7. 인쇄비 단가

- 면지 인쇄 단가는 본문 인쇄비와 동일하게 적용한다.

- 부속물은 표지, 띠지, 커버로 한다.

- 부속물 단가는 부수에 상관없이 8,000원을 적용한다.

- 별색, 형광 잉크, 베다 인쇄는 1도 값을 가산한다.

- 6,000부 인쇄 시는 7,000부 단가를 적용한다.

8. 인쇄비 작성법 예시

- 판형 : 신국판(153mm×225mm)

- 제작 부수 : 3,000부

- 본문 : 320쪽

- 본문 인쇄 : 전면 4도 + 후면 4도

- 본문 용지 : 80미색모조지

- 면지 용지 : 120레자크지

- 무선 표지 용지 : 250아트지

- 양장 표지 용지 : 150아트지

- 제책 방식 : 각양장, 환양장, 무선 각 1,000부

- 표지 라미네이팅 : 유광

- 후가공 : 표지 제목은 박 처리, 표지 이미지는 에폭시

- 청구액 산정 방식

  320쪽÷32쪽×3,000부÷500(1R) = 60R(정미)

  ↳ 60R×8도×단가(3,000원) = 1,440,000원

출판물 마지막 공정, 제책

1. 다양한 제책 방식(양장, 무선, 반양장, 소프트양장, 고주파 등)에 따라 전문성을 확보하고 있는지 파악해야 한다.

2. 다양한 공정(헤드밴드, 가름끈, 엽서·간지 삽입, 띠지 자동화 등)을 소화하는 설비 시설을 갖추고 있는지 파악해야 한다.

3. 제작 의뢰한 생산량을 소화할 수 있는 설비 시설 유무를 점검해야 한다.

4. 우수한 전문 인력을 확보하고 있는지 점검해야 한다.

5. 제책 업체 관리에 관한 프로세스가 필요하다.

   • 작업 지시는 발주서를 통해서만 할 수 있도록 한다.

   • 발주서 내용과 지시 사항을 제책 업체에서 필히 숙지하여 제책 사고가 발생하지 않도록 해야 한다.

   • 제책 진행 시 출판사에서 인쇄물을 확인 후 제작 담당자가 진행해도 좋다는 승인을 받은 뒤에 제책할 수 있도록 해야 한다.

   • 제책 중 특이 사항이 발생했을 경우에는 제작 업체에서 바로 제작 담당자에게 연락이 올 수 있도록 해야 한다.

   • 발주 후에는 항상 제책 상황을 상의해 일정에 문제가 생기지 않도록 한다.

   • 제책 업체의 전반적인 동향을 관찰하고 항상 흐름을 파악하고 있어야 한다.

6. 수량별 제책비 단가 기준을 분명히 한다.

   • 특이 사항은 별도로 산출(협의)한다.

[도표 24] **양장 제책비 단가표**

수량별(부수)	단가내용	판형별 단가(원)			
		사륙판, 국판	사륙배판, 12절	국배판	20절, 국12절
1,000~3,000	본문가공(접지),	270	310	330	270
3,000~5,000	표지가공(표지	250	270	280	250
5,000~	바리), 검책, 포장	230	260	270	230

- 특수 도서 제책비는 1부당 400원으로 한다.
- 스티커 작업 비용은 30원으로 한다.
- 귀돌이 작업 비용은 160원으로 한다.
- 삽지 작업 비용은 20원으로 한다.
- 커버 작업 비용은 자동은 30원, 수작업은 50원으로 한다.

7. 양장 제책비 단가 기준을 분명히 한다.
- 본문이 100쪽 미만인 경우 100쪽에 준해 금액을 산정한다.
- 면지는 16쪽에 준한다.
- 특이 사항은 별도 산출한다.

8. 각양장 및 환양장 제책비 작성법 예시
- 판형 : 신국판(153mm×225mm)
- 제작 부수 : 3,000부
- 본문 : 320쪽
- 본문 인쇄 : 전면 4도+후면 4도
- 본문 용지 : 80미색모조지
- 면지 용지 : 120레자크지

양장 제책비 세부 단가표

수량별(부수)	항목	사륙판 / 국판(원)	사륙배판(원)	국배판(원)
1,000~3,000 미만 표지 가공비	페이지 단가(접지대)	0.9	1	1.2
	크로스(천)	100	120	150
	인쇄지	70	100	120
3,000 이상 표지 가공비 공통	페이지 단가(접지대)	0.8	0.9	1
	크로스(천)	80	100	120
	인쇄지(용지)	50	80	100
	부속대(세양사, 헤드밴드 등)	90	120	150
	검책/포장	30	40	50
	기타 부속(건당)	30	30	30

- 양장 표지 용지 : 150아트지

- 청구액 산정 방식

320쪽+24(면지 8쪽+표지 4쪽)×접지비 0.8원+부속대 90원+표지 바리 150원=515.2원×3,000부= 1,545,600원

24는 통상적으로 책정되고 있는 수치이며 실제 페이지보다 두 배를 적용한 수치이기도 하다. 최근에는 면지를 1장으로 해 금액을 낮추고 있다. 즉 4쪽으로 적용하고 있다. 부속물 종류에 따라 단가 변동이 다양한 점을 인지하고 있어야 한다.

무선 제책비 단가표

판형별 페이지당 단가(원)		
신국판	165×225	사륙배판
0.55	0.7	0.75

청　구　서

2016년 9월 30일

귀하

합계금액 :　　　　4,450,457 원

일자	품명	규격	수량	단가	금액	세액
9/1	A Guide to Korean Characters 6쇄	127*188	500	594.0	297,000	29,700
	384p*1=384 부대150 표지60					
9/5	Folk Tales From Korea 5쇄	142*213	500	568.0	284,000	28,400
	328p*1=328 부대150 커버30 표지60					
9/10	돼지 아저씨의 모험 1쇄	152*210	2,000	260.0	520,000	52,000
9/10	수호의 하얀말 26쇄 (스티커)	302*224	3,000	310.0	930,000	93,000
9/17	김밥은 왜 김밥이 되었을까?	252*220	1,000	280.0	280,000	28,000
9/30	이슬이의 첫 심부름	260*188	5,000	260.0	1,300,000	130,000
9/30	안돼요 안돼 엄마 1쇄	210*240	2,000	280.0	560,000	56,000
	공제액 3%				- 125,130	- 12,513
	계				4,045,870	404,587
	전 월 미 수				7,444,034	
	합　　　계					4,450,457

[도표 27] 양장 제책비 청구서 예시

청 구 서

No. 1
2016 년 7 월 30 일

귀하

아래와 같이 청구합니다.

합계금액	(₩ 3,088,240)						
일자	품 명	판형	수 량	단 가	공급가액	세액	비고
	A Journey in Search of Korea's Beauty		1000	363.6	363,600		
	본문 : (432+16)*0.7			313.6			
	커버			50			
	총알방귀		2400	139.8	335,520		
	본문 : (148+16)*0.7			114.8			
	날개			25			
	운임				90,000		
	Eng Kor~Kor Eng Dictionary		1000	596.2	596,200		
	본문 : (800+16)*0.7			571.2			
	날개			25			
	아름다운한국음식100선(영문판)		1000	235	235,000		
	본문 : (264+16)*0.75			210			
	날개			25			
	운임				65,000		
	아름다운한국음식100선(한글판)		1000	235	235,000		
	본문 : (264+16)*0.75			210			
	날개			25			
	SA4.큐피드의과학		2000	187	374,000		
	본문 : (224+16)*0.55			132			
	날개,띠지			55			
	봄이오면가께		1000	130.6	200,000		
	본문 : (176+16)*0.55			105.6			
	날개			25			
	통일이되면어떻게달라질까?		1000	153.8	200,000		
	본문 : (168+16)*0.7			128.8			
	날개			25			
	별은스스로빛난다.임희재		1000	151	200,000		
	본문 : (164+16)*0.7			126			
	날개			25			
				계	2,894,320		
				-3%	86,829		
				합계	2,807,491		
				부가세	280,749		
				총합계	3,088,240		

[도표 28] 무선 제책비 청구서 예시

9. 무선 제책비 단가 기준을 분명히 한다.

- 본문이 100쪽 미만인 경우에는 100쪽에 준한다.

- 기본 단가를 180,000원으로 한다.

- 오리꼬미(날개꺾기) 단가는 25원으로 한다.

- 띠지 단가는 25원으로 한다.

- 간지 단가는 20원으로 한다.

- 수작업 단가는 30원으로 한다.

   - CD 부착 비용은 1장짜리는 25원, 2장짜리는 40원으로 한다.

   - 특이 사항은 별도로 산출한다.

10. 무선 제책비 작성법 예시

- 판형 : 신국판(153mm × 225mm)

- 제작 부수 : 3,000부

- 본문 : 320쪽

- 본문 인쇄 : 전면 4도+후면 4도

- 본문 용지 : 80미색모조지

- 면지 용지 : 120레자크지

- 무선 표지 용지 : 250아트지

- 청구액 산정 방식

   본문 320쪽+24(면지 8쪽+표지 4쪽)×접지비 0.55원 + 날개꺾기

   25원 = 214.2원×3,000부 = 642,600원

거 래 명 세 서

No.   1

2014년 02월 28일

귀중

아래와 같이 청구 합니다

합계 _____ 549,505 원정

날짜	품명	절수	수량	R	도수	단가	공급가액
6	순이와 어린동생	국반		1.5		45000	67500
	조금만	국반		0.8	무광	55000	44000
11	고마워 친구야	반절		0.5		55000	27500
	나무꾼과 호랑이 형님	국전		0.5	무광	55000	27500
14	조선왕실의 식탁	반절		0.5	무광	65000	32500
	한식재단 1권	반절		0.5		65000	32500
26	오늘은 무슨날	반절		0.8		55000	44000
	사슴옷 베티	반절		0.5	무광	65000	32500
	무서운 날의 그림책	반절		0.8		55000	44000
	2014도서목록	반절		1.9		55000	104500
	구룬파 유치원	국반		1.3		45000	58500
	계						515000
	3% 공제						-15450
	계						499550
	VAT						49955
	합계					₩	549505
	전월잔액					₩	975238

* 본 거래명세서는 검인없이 사용함.

[도표 29] 라미네이팅비 청구서 예시

후가공 업체(에폭시, 박, 형압, 스티커, CD, 박스, 케이스 등)

1. 작업 지시는 발주서를 통해서만 하도록 한다.

라미네이팅비 단가표

분류	종류	
	무광	유광
사륙반절	65,000	55,000
국전지	55,000	45,000

※ 특정 거래처의 라미네이팅비는 단가표 외 별도로 적용된다.

2. 발주서 내용과 지시 사항을 후가공 업체가 필히 숙지하여 후가공 사고가 발생하지 않도록 해야 한다.

3. 후가공 중 특이 사항이 발생했을 경우에는 업체에서 바로 제작 담당자에게 연락을 할 수 있도록 한다.

4. 발주 후에는 항상 후가공 일정으로 인해 제책 일정에 문제가 생기지 않도록 한다.

5. 후가공 업체의 전반적인 동향을 관찰하고 항상 흐름을 파악하고 있어야 한다.

6. 후가공 작업물의 경우 되도록 샘플을 만들어보거나 실험과 경험을 통해서 결정하는 것이 좋다.

7. 발주 후에는 항상 제작처와 납품 일정을 상의하고 전체적인 일정에 문제가 생기지 않도록 한다.

8. 라미네이팅비 작성법 예시
   - 판형 : 신국판(153mm×225mm)
   - 제작 부수 : 3,000부
   - 무선 표지 사이즈 : 535mm×230mm

에폭시 단가표

	에폭시	4원색 1도	별색, 이지펄
	R당 단가	R당 단가	R당
3절	200,000원	250,000원	
사륙2절	150,000원	200,000원	+30,000원
국전	130,000원	150,000원	

    └, 사륙반절 3판 거리 / 사륙전지 6절 : 3,000부÷6절÷500매

(1R)=1R

    └, 1R×55,000원=55,000원

- 에폭시 기본 단가는 130,000원으로 정한다.

- 에폭시 면적이 인쇄 면적 30퍼센트 초과 시 배율 적용을 별도로 산출한다(협의).

- 실크인쇄 기본 단가는 150,000원으로 정한다.

- 실크인쇄 면적이 전체의 30퍼센트 초과 시 배율 적용을 별도로 산출한다(협의).

- 특수 색상 인쇄 시 별도로 산출한다(협의).

6장

출판물류는 출판의 미래다

출판시장의 다변화로 출판물 제작에 따른 출판물류를 어떻게 관리하고 운영하는 것이 효율적인지 심각하게 고민하지 않으면 안 되는 상황에 직면했다. 과거에는 출판물을 제작해 보관해도 시간이 지나면 판매되는 경향이 강했다. 현재는 출판된 도서를 계획대로 판매하지 못하면 장기 보관으로 인한 손실이 상당하다. 이제 다품종 소량 제작이라는 현실을 맞아 출판물류는 출판사에 또 다른 숙제를 안기고 있다.

1
출판물류의 중요성

1994년 필자가 출판계 입문했을 당시 근무했던 한림출판사는 김포에 자체 물류 창고를 두고 있었다. 그 당시 출판물류에 대해 지식이 전혀 없었기에 긍정적인 부분만 기억하고 있다.

1997년 사계절출판사로 이직하고 주로 제작 업무를 담당하면서 출판물류에 대한 개념이 변화하기 시작했다. 사계절출판사는 현재 마포 경찰서 옆에 위치하고 있었던 날개물류에 물류를 위탁 관리하고 있었는데, 모든 체계가 아날로그였고 환경도 열악했다. 그 당시 윗분들과 선배들은 그래도 과거에 비해 좋아졌다고 늘 강조하곤 했다. 출판사에 입사해 자연스럽게 적응하면서 바쁜 제작 업무에 임했고 제작 부수도 대체적으로 많았다. 그러나 언제부턴가 과다 재고가 발생했고, 그렇다고 버릴 수가 없어 어느 해인가는 모 군부대에서 사용하지 않고 있는 창고를 빌려 임시로 보관하기도 했다. 그러나 책은 판매되지 않고 지속적으로 누적되기만 했다.

그러자 내부적으로 여러 가지 변화를 점검했고, 출판물 제작과 물류에 대한 전반적인 사항을 재점검하지 않을 수 없게 되었다. 내부적인 경영 방침에 의해 현실적으로 판매 가능한 부수와 보관할 수 있는 부수를 판단해서 제작했고, 원가절감이라는 절체절명의 위기감을 느끼며 모든 부분에 신중하게 접근했다.

날개물류가 확장 이전하면서 상상할 수 없는 물량의 도서를 폐기하기로 결정하게 되었다. 당시 출판사로서는 충격이었다. 그 많은 도서를 하나하나 삼면에 락카로 X 자 칠을 해야 하는 현실에 아연실색하지 않을 수 없었다. 누구의 잘못도 아니었다. 출판물 기획에서부터 제작, 마케팅 등 프로세스 전반을 모두가 제대로 들여다보지 못했던 것 같다.

그래서 도입했던 것이 원가분석 및 손익분기 부수를 분석할 수 있는 프로그램이었고, 출판 제작 공정에서 원가절감을 할 수 있는 항목이 무엇인지 초판과 재판 과정에서 매번 점검하고, 판매 가능한 부수는 현실적으로 몇 부일지, 재고 부수 보관 기관은 어느 정도인지, 손익분기 부수는 몇 부인지 등을 치밀하게 점검하고 분석하는 시스템이 도입되었다.

이 과정을 통해 출판물류의 중요성은 출판물 원가절감에 절대적인 영향을 미치고 있다는 사실을 알게 되었다. 출판물류는 장기적인 프로젝트로 관리해야 한다는 것을 인식했을 뿐 아니라 출판물류를 다각도로 검토해야 할 필요성을 절감했다.

2
출판물류 자체 관리의 장단점

출판물류 자체 관리의 장점

1. 창고에서 필요한 도서를 즉시 출고할 수 있다.

위탁 업체에 의존해서 관리하는 시스템과는 달리 독자, 거래처, 도서전, 각종 행사 등 어떠한 상황에서도 언제든지 출고할 수 있다. 주말에도 출고할 수 있다. 그러나 본사에서 정상적인 과정을 통해 출고 지시를 내리는 것이 아니라 상황에 따라 임의로 출고하게 되고 이때 데이터를 수정하지 않을 경우 재고 분석에 문제가 발생한다.

2. 본사 직원의 업무 지원이 유연하다.

물류 창고에 문제가 생겼거나 특별한 업무를 처리해야 할 경우 본사에서 직접 지원하게 된다. 출판 업무 시스템 중 가장 중요한 점은 고유 업무 영역에 충실해야 한다는 것이다. 그럼에도 불구하고 때와 장소를 가리지 않고 물류 창고에 협조하게 된다. 이러한 이유는 물류 창고에는 장기 근속자가 많고 본사와 유기적인 관계를 맺고 있기 때문인데, 그만큼 업무 지원이 유연하게 진행되고 있다.

3. 업무 지시 등이 현장 담당자에게 직접 전달된다.

위탁 업체에 의존하면 담당자와 원활하게 소통되지 않는 문제가 많이 있는 반면 자체 물류 창고를 운영할 경우 같은 소속 직원이기 때문에 업무 지시에 대한 의사소통이 원활하다.

4. 필요한 재생 처리를 바로 진행할 수 있다.

대체로 대형 물류 회사가 실행하지 못하고 있는 것이 반품 재생 관리이다. 출판사별 반품된 도서 총수량은 정리하지만 도서별 분류 작업은 이루어지지 않고 있다. 반면에 자체 물류 창고를 운영할 경우 담당 직원이 전담하기 때문에 수시로 재생 처리를 할 수 있다. 다만 반품이 많이 나오는 자체가 물류 운영이 효율적으로 되지 않는다는 증거이므로 반품을 최소화하는 운영 방식이 우선돼야 한다.

출판물류 자체 관리 단점

출판사는 자체 공간에서 자사 직원을 통해서 오전에 정품 도서를 출고하고 오후에 반품 도서 분류, 재생, 폐기 등의 이유로 물류 창고를 운영하고 있다.

그렇지만 과거와 달리 현재의 물류 환경과 유통 구조가 많이 변화됐다. 최소 인력으로 고유 업무를 극대화할 수 있는 조직 시스템이 무엇인지 점검하는 것이 더 효율적이다. 이와 관련해 나름의 지식을 제공하고자 한다.

1. 창고 재고가 본사 데이터와 일치하지 않는다.

통상적으로 출판사들이 전산 프로그램을 효율적으로 운영하고 있지는 않는 듯하다. 특히 자체 출판 물류를 운영하는 현장을 들여다보면 쉽게 이해할 수 있다. 본사와 물류 창고가 동일한 데이터베이스를 사용하면 문제가 없지만 전산이 이원화된 경우 양쪽 재고 수치가 일치하지 않는 경우가 다반사이다.

- 반품 도서의 전산 입고를 창고에서 하고 데이터를 본사에 전송했을 경우
- 폐기 도서 전산 처리 문제
- 본사 직원이 창고에서 도서를 출고한 후 전산 처리
- 파손 도서 전산 처리 문제

2. 적정 재고에 대한 판단력이 떨어진다.

출판사가 자체 창고를 운영하면 재고 도서 보유에 부담을 느끼지 못하는 듯하다. 출판물류는 1년간의 적정 재고를 보유하고 관리하는 것이 매우 중요하다. 신간의 경우 초기 출고분에 대한 판단과 보관분에 대한 시기를 검토해서 제작 부수를 결정한다. 재판의 경우 1년에 소요되는 판매 부수를 정확하게 판단해서 결정해야 한다. 만약 1년에 200부밖에 판매되지 않지만 꼭 보유해야 한다면 500부를 제작해서 2년

간 보유해야 한다. 단, 정가를 인상하는 등의 원가절감 요소를 반드시 찾아야 한다.

3. 출판물을 2중, 3중으로 적재한다.

자체 운영을 할 경우 공간 부족으로 출판물을 2중, 3중으로 적재하고 있으며 그 결과 적정 시기에 판매하지 못할 경우 장기 보관되면서 도서끼리 표지가 붙어버린다든가, 표지 색상이 변질되어 오래된 느낌을 준다든가, 보유한 도서를 확인하지 못하고 또 제작한다든가 하는 심각한 문제가 야기되고 있다.

4. 좁은 공간 활용도 문제이다.

초기에는 물량이 많지 않기 때문에 좁은 공간에서 시작하지만 시간이 지나면서 물량이 늘어나 적재하는 데 문제가 발생하여 추가 공간을 확보하고, 인원도 충원하고, 관련 장비도 구입하는 사태가 발생한다. 특히 협소한 공간 탓에 지게차를 이용할 수 없어서 입고된 도서를 사람이 직접 옮기는 사례도 있다.

5. 물류비 절감 및 환경 변화에 따른 개선 의지가 약하다.

본사와 거리가 멀다는 공간적 한계가 있다. 정해진 기존 프로세스에 적응되어 만족하기 때문에 물류비 절감, 환경 개선, 새로운 기술 개발 등 변화를 시도하려고 하지 않는다.

6. 장기 근속으로 인해 인건비 부담을 가중시킨다.

출판물류는 한번 익숙해지면 업무 자체가 복잡하거나 번거롭지 않다. 정해진 방식이 있기 때문에 그 기준으로 작업하면 된다. 그래서 자체 물류를 운영하는 출판사를 보면 장기 근속자가 많다. 물류비는 고정비이다. 출판사 전체 고정비 중에서 물류비가 높게 책정되는 것은 절대 바람직하지 않다. 다만 직원이 이직했을 경우 충원하기가 쉽지 않다는 문제가 있다. 따라서 자체적으로 물류 창고를 운영하는 것은 신중히 결정해야 한다.

7. 임대료, 보험료, 전기료, 장비 대여료, 시스템 유지비 등 운영비
   가 높아진다.

출판물류는 시간이 지나면서 추가로 발생되는 시설 장치 등 고정 자산 감가 비용이 상당히 높다. 직원 채용뿐만 아니라 계속해서 그에 따른 제반 설비 시설을 보완해야 한다.

8. 적재 공간이 비좁아 물류 창고를 이원화해서 운영하게 된다.

분야별, 도서별, 시리즈별 등 다양한 도서 분류를 체계적으로 관리하기가 어렵고, 도서 종별 적재 공간이 협소하며, 중복 적재함으로써 입고나 출고가 어렵다. 뿐만 아니라 재고 부수가 증가하면 자체 공간에서 원활하게 옮기는 등의 관리가 어려워진다. 좀더 구체적으로 몇 가지를 언급하면,

   • 현장에서 눈으로 도서를 뽑아내고 검수한 결과 출고 오류가 높

은 편이다.

- 전체 재고를 실사하기 힘들고 재고분을 사후 관리하기가 어렵다.
- 지게차를 사용할 수가 없어 사람이 직접 차량에서 도서를 내리고 올리는 수작업에 의존한다.
- 연마 재생, 세척 재생 등의 품질이 다소 저하된다.

3
출판물류 위탁 관리의 장단점

출판물류 위탁 관리의 장점

1. 운영 방식

   • 출판물류 위탁 전문 업체로서 최신의 시설, 장비, 인력의 전문
   성 확보라는 장점이 있다.

   • 출판물류 전문 경영진에 의한 체계적, 혁신적인 관리 체제로
   운영되고 있다.

   • 출판물류 전문 기업으로서 신속, 안전하고 정확하며 저렴한 고
   품질의 맞춤 서비스를 제공한다.

   • 효율적인 창고관리시스템(WMS)으로 불필요한 물류비용을 절
   감해준다.

   • 핵심 역량을 강화하고 물류 관련 투자비용, 운영비용을 절감해
   출판사의 경쟁력 강화에 도움이 된다.

   • 다양한 출판물류 노하우로 효율적인 물류 관리 방법을 제시해
   준다.

- 신속하고 창의적인 물류 업무 수행으로 출판사 마케팅 효율성 증대에 도움을 준다.
- 실시간으로 다양한 물류 정보를 제공함으로써 출판사의 정보 네트워크와 유연성을 강화하고 있다(물류 업체 홈페이지에 물류 정보 조회 서비스를 실시간 제공하고 있다).

2. 비용 대비 효과 분석 용이
- 월별, 분기별, 연별 보관료(정품, 반품, 재생 등) 분석 자료를 통해 과학적이고 합리적으로 경영하게 된다.
- 회전 재고와 장기 재고를 분석하고 처리할 방법을 신속하게 결정할 수 있다.
- 신간과 구간 도서의 출고량에 따른 비용을 분석할 수 있다.
- 물류 회사 전산 자료를 사용하거나 출판사 내부에 별도 프로그램을 운영함으로써 실시간으로 정확한 자료를 분석할 수 있다.
- 재판 도서의 제작을 진행할 경우 정품과 반품의 정확한 재고와 최근 3개월간의 판매 현황을 점검해 제작 부수를 결정할 수 있다.

출판물류 위탁 관리의 단점

1. 위탁 업체는 출판사가 의도하는 출판물류를 깊이 이해하지 못하는 경향이 있다. 출판사마다 요구하는 업무가 다르다고는 해도 출판 전반의 프로세스에 대한 이해가 부족한 것이 현실이다.

2. 반품 도서 관리 체계가 미흡하다. 출판사는 신속하고 정확한 반품 자료를 요구하는데 출판물류 현장에서는 원활하게 처리되지 못하고 있다. 예를 들면 도매, 소매, 총판 등에서 반품 도서를 보냈는데도 불구하고 분류 작업이 되어 있지 않아 장부 대조 등 제반 업무를 바로 처리하지 못하는 경우가 많다.

3. 정품 도서와 반품 도서에 대한 재고 조사가 현실적으로 실현되지 못하고 있다. 출판물류 측에서는 샘플 조사나 전산 재고에 의존해서 운영하고 싶어 하고, 출판사 입장에서는 재고 전체를 조사하고 싶어 하는데, 현실적으로는 출판사의 요구가 받아들여지지 않아 형식적인 재고 조사가 이루어지고 있다.

4. 출고와 입고, 반품 분류, 재생 등 업무 협조 요청을 했을 경우 신속하게 처리되지 못하는 것도 단점이다.

4
출판물류 대행 계약서

이 계약서는 2016년 특정 물류대행사의 것을 기준으로 했다.

출판물류 대행 계약서

출판물 창고 관리 및 배송 대행을 의뢰한 출판사와 출판 창고 관리 및 배송 대행 업무를 관리하는 물류 회사는 출판물에 대한 물류 업무를 수행함에 있어 다음과 같이 계약하고 신의, 성실로써 본 계약을 지킬 것을 다짐한다.

제1조(목적)

본 계약은 출판사가 위탁하는 출판물을 물류 회사가 창고 관리 및 배송 대행 업무를 수행함에 있어 발생하는 제반 업무 사항을 규정하며, 출판사와 물류 회사는 신뢰와 협조로써 공동의 목표를 달성하는

데 있다.

제2조(관리 업무의 범위)

물류 회사는 출판사가 입고 의뢰한 출판물의 물류 업무에 대한 전반적인 업무를 대행하며 출판사는 물류 회사 이외의 타 물류 대행사를 이용할 수 없다. 출판사는 출판물을 물류 회사의 창고까지 입고해야 하며 물류 회사는 그 출판물을 인수하는 시점에서 물류 대행 업무를 시작한다.

(1) 입고 - 인수, 입고 관리

(2) 보관 - 보관, 로케이션, 재고 관리, 출판사가 위탁한 제품의 입고 작업

(3) 출고 - 출고를 위한 포장, 출고서 작성 등 출고를 위해 필요한 모든 작업

(4) 반품- 거래처에서 반품한 도서의 인수, 수량 확인, A-B-C 3단계의 제품 상태 등급 분류 등 반품에 필요한 모든 작업

(5) 재생 - 반품된 제품의 재단, 세척, 띠지와 재킷 교체, 스티커 부착, 래핑 등 출고 가능한 제품으로 재생하기 위해 필요한 작업

(6) 정합 - 출고를 위해 낱권 제품을 세트 제품으로 정합하거나, 정합된 세트 제품을 낱권 제품으로 해체하는 작업

(7) 배송 - 배송 대행(정기 화물, 택배 포함)

(8) 기타 - 위 업무를 위해 필요한 문서의 작성과 보관, 정기적인 재고 조사(연 2회)의 수행 및 결과 보고, 위탁 제품의 물류 정보

의 제공이 이루어져야 한다.

──○ 제2조의 서문을 보면 "출판사는 출판물을 물류 회사의 창고까지 입고해야 하며"라고 되어 있는데 신규 출판사가 의뢰해서 거래하는 경우에는 신규 출판사가 모든 것을 부담하는 것이 옳다. 다만, 사안에 따라 협의해서 결정할 수도 있다. 단, 출판물류 측에서 영업해서 거래하는 경우는 다르다. 타 출판물류 회사에 있는 출판물을 이전할 경우 이전 비용에 대한 작업 인건비와 차량 운반비 등을 협의하는 편이 좋다. 또한 이송 과정에 발생하는 파손 등에 대한 책임 소재도 명확하게 해야 한다.

제3조(배송 대행 업무)

물류 회사의 물류 센터로부터 출판사가 지정하는 수도권(서점), 지방(지점)까지 배송하는 것을 원칙으로 하며 수도권은 서울특별시와 경기도 일산, 파주 지역(일부 지역 제외)을 포함한다.

(1) 물류 회사는 출판사가 의뢰한 출판물을 다음과 같이 배송해야 한다.

- 서울 배송 - 당일 도착
- 지방 배송 - 익일 도착
- 차량 고장, 천재지변 등 불가항력의 사항 발생 시에도 배본에 차질이 없도록 최선을 다한다.
- 신규 서점 출고 시에는 초기에 다소 배본이 늦어질 수 있다.

(2) 출판사는 물류 회사에 다음과 같은 시간까지 배송 의뢰(주문)를 해야 한다.

- 서울 주문 – 당일 08:30~12:00까지, 교보문고는 당일 오전 10:00까지
- 지방 배송 – 당일 08:30~15:00까지
- 택배 주문 – 당일 14:00까지(당사 웹 주문서에 업로드)
- 주문 시간이 늦을 경우에는 배본이 늦어질 수 있다.

(3) 물류 회사는 출판사가 지정하는 장소까지 배송이 불가할 경우 정기 화물, 택배 등 기타 가능한 운송 수단을 이용하여 배송해야 한다. 이 경우 수수료는 별도 청구한다.

(4) 물류 회사는 배송 후 인수증을 수령하여 출판사에 제출 또는 보관한다.

제4조(반품 관리 업무)

(1) 물류 회사는 출판사의 거래 서점이 발송한 출판물을 수거 또는 인수하여 관리해야 하며 출판사는 거래 서점에 물류 회사의 반품 지정 화물 영업소를 정확하게 공지해야 한다.

(2) 물류 회사의 반품 지정 화물 영업소 이외의 추가 반품 비용은 출판사 부담으로 한다.

(3) 출판사가 직접 용차 등을 이용해 배본한 경우에는 원칙적으로 출판사가 수거한다.

────○ 출판물류에서 출판사 측이든 출판물류 측이든 반품 관리에 대한 업무는 아주 중요하므로 세부적인 항목을 작성해 반품을 관리해야 한다. 그러기 위해서는 일정한 규정을 마련해 쌍방이 그것을 지키려고 노력할 필요가 있다. 세부적인 항목은 아래와 같다.

① 기존 출판물류 업체에서 이전할 경우 서점에서 보낸 절판 도서가 반품되었을 때 폐기할지 반품 도서로 분류할지의 여부

② 온라인 서점 및 특이 사항에 대해 반품 관리 규정안

③ 도매, 총판 등에서 대량으로 반품해서 정품으로 이동할 경우 비용 등

④ 도서전 등 행사장에서 행사를 완료하고 정품으로 바로 이동할 경우 등

제5조(재고 조사)

재고 조사는 출판사와 물류 회사가 합동으로 연 2회를 원칙으로 실시하며, 출판사가 필요에 의해 별도의 재고 조사를 요청할 경우 물류 회사는 업무에 지장이 없는 한 이에 협조해야 하고, 이때 발생하는 비용은 출판사가 부담한다.

────○ 재고 조사는 출판사 규모에 따라 판단하는 것이 좋다. 모 출판사의 경우 매년 1회 전수 조사를 하고 있고, 반품 도서의 경우 제작 담당자 외 직원 2명이 매월 1회 방문해서 정품 이동, 표지갈이, 단순 재생, 폐기 등으로 구분해서 분류 작업을 하고 있다. 효율적이고 생산

적인 방법이다. 이것이 가능한 이유는 그 출판사 전체 종수가 개별 도서별로 펼쳐져 있기 때문이다.

규모가 큰 출판사는 샘플 조사를 하는데, 사전에 물류 회사가 전수 조사를 해놓는 조건으로 이루어지고 있다. 또는 물류 회사에 전적으로 의존하기도 한다.

제6조(대행 수수료)

출판사는 다음과 같이 계산한 출판물 대행 수수료를 물류 회사에 지급한다.

(1) 대행 수수료는 첨부된 '조견표'를 적용하여 계산한다(부가가치세 별도).

(2) 정산 기준일은 매월 1일부터 말일까지로 하며, 출판사는 익월 ___ 일까지 현금으로 지급한다.

(3) 출판사가 부득이하게 은행 어음으로 결제할 경우에는 연 12퍼센트의 이자를 더해 지급한다.

(4) 출판사가 연체할 경우에는 연체된 기간에 대하여 원금에 연 12퍼센트의 연체 이자를 더해 지급한다.

(5) 출판사의 요청으로 인해 부득이 휴일 근무 등으로 물류 업무를 수행하였을 때에 발생하는 비용은 출판사가 부담한다.

——○ 이 조항 역시 출판물 대행 수수료에 대한 세부적인 조견표를 작성해서 협의하는 것이 중요하다. 이 책 183~184쪽에 조견표를 예시

했지만 출판사마다 업무 관계가 다르기 때문에 그에 준하는 조건을 협의해야 한다.

제7조(손해보상)

물류 회사는 출판사의 물류 관리 대행 과정에서 업무상 과오로 인해 출판사의 출판물에 손실을 끼친 경우 다음과 같은 방법으로 보상해야 한다.

(1) 출판사의 도서를 인수, 배송하는 과정에서 물류 회사의 과실로 손실을 준 경우 손해배상을 해야 한다.

(2) 재고 조사를 실시한 결과, 전산 자료에 나타난 재고와 물류창고에서 실제 조사한 재고를 합산해 정산하지 않고, 전산상이든 물류창고 재고이든 초과 재고는 실물 수량에 맞춰 전산 수정하고, 부족한 재고에 대해서 인정손실분(로스율)을 제외하고 손해배상을 해야 한다.

(3) 손실분 보관 기간 6개월당 보관 재고 부수의 ___ 퍼센트를 인정한다.

(4) 손해배상을 할 제품의 가격은 도서 정가의 60퍼센트를 적용한다.

(5) 천재지변 및 불가항력적인 사유에 의한 경우는 보상하지 않는다.

(6) 출판사는 인수증을 수도권은 1개월, 지방은 3개월 내에 확인 완료해야 하며 기간이 경과한 후에는 물류 회사에 확인 및 손해배상을 청구할 수 없다.

제8조(질권 및 담보)

물류 회사는 출판사가 의뢰한 출판물을 출판사의 사전 승인 없이 타인에게 판매하거나, 질권 설정 및 담보로 제공하는 등의 행위를 할 수 없다.

제9조(임의 처분)

(1) 출판사가 대행 수수료를 2개월 이상 연체한 경우 물류 회사는 출판사에 연체 사실을 유선 또는 서면으로 통지하고 출판사의 출판물에 대해 출고 정지 또는 임의로 야적하거나 처분할 수 있다.

(2) 출판사는 물류 회사가 제1항과 같이 실행할 경우 법적 대응을 할 수 없다.

제10조(이전 및 비용)

(1) 출판사가 타 물류사로 이전하고자 할 때에는 물류 회사와 제반 업무의 인수인계 등을 상호 협의한 후 물류 대행 수수료 등 제비용을 정산 완료한 후에 이전해야 한다.

(2) 출판사는 첨부한 '조건표'에 의해 이전 비용을 물류 회사에 지급한다.

──○ 제10조 제2항은 아주 민감한 내용이므로 이전 비용에 대한 규정을 명확하게 하는 것이 좋다. 출판사에 의해 이전하는지, 물류 회사에

의해 이전하는지에 따라 이전 비용을 부담하게 해야 한다. 즉 출판사가 이전하겠다고 통보할 경우, 물류 회사는 원활하게 이전할 수 있도록 협조하되 이때 발행하는 제반 비용은 실비로 청구해야 한다.

제11조(계약 기간)

(1) 계약 기간은 ____년 __월 __일부터 ____년 __월 __일까지 (__년)으로 하며 만료 3개월 전까지 별도의 통보가 없으면 이 계약은 1년 단위로 자동 연장된다.

(2) 계약의 종료 사유를 불문하고(당사자의 파산, 영업 정지, 천재지변의 발생 등 거래를 지속할 수 없는 상태에 따른 계약 종료 제외) 출판사가 정상적인 영업 활동을 지속하면서 제품을 이전할 준비를 할 수 있는 기간을 물류 회사는 계약 종료일로부터 최소 3개월을 보장해야 한다.

(3) 이전 필요 기간 중 대행 업무에 대한 수수료는 계약 종료 직전의 수수료 단가를 동일하게 적용한다.

──○ 제11조 제1항에 의거하는데도 불구하고 부득이하게 계약을 해지하게 되었을 경우 출판사와 물류 회사가 서로 인정한 최소한의 규정은 마련되어 있어야 한다. 계약 해지가 자의든 타의든 발생할 수 있기 때문에 경영 관리 측면에서 정리해두는 편이 좋다.

제12조(계약의 해지)

(1) 출판사와 물류 회사는 본 업무의 중대한 과실, 수수료 지급 연체, 상대방 회사의 기밀 누설 등으로 인하여 손실을 입힌 경우 본 계약을 해지할 수 있다.

(2) 위탁 수수료 미지급의 원인이 청구 내용의 과청구, 오청구 등으로 부정확하고, 물류 회사가 위탁 업무를 불성실하게 이행했으며, 재고 조사 결과에 따른 정산 조치를 이행하지 않는 등 물류 회사에 있을 경우, 출판사가 위탁 수수료를 미지급했더라도 이를 사유로 계약을 해지할 수 없다.

(3) 위 제1항의 사항이 발생했을 때에는 그 의사를 2개월 전에 상대방에게 서면으로 통보해야 한다.

──○ 제12조 제3항의 경우에는 출판물류 이전이라는 문제가 발생하는데, 이는 굉장히 어려운 일이다. 따라서 계약을 해지할 경우 최소한 3개월 전에 통보하는 것이 바람직하다.

① 계약 해지를 통보할 경우 되도록 서면으로 하고 취지를 기재하는 편이 좋다.

② 계약 해지에 합의했을 경우 출판물류 업체는 적극적으로 협조한다. 물류 이전을 부정적으로 생각하기보다는 기꺼이 협조해 주는 것이 발전된 모습이다.

제13조(계약 증명)

본 계약서에 명시되지 않은 사항은 일반 상 관례에 따르며 본 계약을 증명하기 위해 2부를 작성하여 서명 날인하고 출판사와 물류 회사가 각 1부씩 보관한다.

제14조(특약 사항)

출판사가 출판물류 관계 설정을 새롭게 맺으면서 보완해야 할 것이 있다면 구체적으로 협의해서 문서화하는 것이 바람직하다.

──○ 예를 들면,

① 절판 도서에 대한 금액은 청구액에서 제외한다(절판 리스트 제공).

② 출판사가 출판물류를 이전하면서 전국에 있는 각 거래처 서점에 절판 도서에 대한 반품 의뢰 공문을 보냈으나, 기간이 촉박해 물류 이전 후 들어오는 반품에 대해서는 바로 폐기 처리한다.

③ 출판물류 이전 후 바로 폐기하는 도서는 재고로 처리하지 않고 청구액에서 제외한다(폐기 리스트 제공).

④ 기존 출판물류에서 보관 중인 보관책 도서와 출고책 도서 상태가 불량하다고 판단되어 출판사에서 수선해서 입고해야겠다고 판단되면 해당 도서들을 출판사에 보관 의뢰하든지 물류 회사가 따로 보관한다. 만약 출판사에서 보관하고 있었다면 출판물류 이전 후 이 도서를 분류(정품, 수선, 폐기)해 입고 처리한다.

⑤ 출판물류 이전에 따라 특수한 조건이 발생했을 경우 해당 부수와 기간을 정확하게 기록해야 한다. 장기 보관 도서의 보관료는 권당 _____원으로 한다.

⑥ 조건표 내용을 세부적으로 점검하되, 출판사가 반복적으로 발생하는 업무를 중심으로 단가 조정을 하는 것도 방법이다.

_____ 년 ___ 월 ___ 일

출판사

상호 :

사업자등록번호 :

주소 :

연락처 :

대표이사 :

물류회사

상호 :

사업자등록번호 :

주소 :

연락처 :

대표이사 :

출판물류 창고 관리 대행 수수료

출판사마다 물류 회사와 거래하는 업무 내용이 다르므로 그에 준하는 조건을 협의해야 한다. 다음에 제시하는 수수료 조건표는 특정 물류 회사들의 것이다. 하나의 예로서 참고하기를 바란다.

주.코업북로지스틱스
CO-OP BOOK LOGISTICS

출판물류 대행수수료 기준 조건표

1. 보관관리

구 분	내 용	비 고
임대 보증금	최초 입고부수와 계약면적에 따라 변동 적용	
보관비(기본)	기본 보관비 10,000부까지 200,000원	
보관비(추가)	정가 8,001원~10,000원까지 0.1% 최하8원	단행본 기준
	정가 10,001원~15,000원까지 0.09 최하11원	
	정가 15,001원~30,000원까지 0.08% 최하14원	
	정가 30,001원~50,000원까지 0.07% 최하25원	
	정가 50,001원 이상 0.06% 최하35원	
보관 관리비	입고 종당 관리비 - 1,000원	
	입고 작업비 권당 20원(해외제작도서, 파렛트작업 등)	

2. 출고관리

출고비(기본)	월 3,000부까지 400,000원	
출고비(추가)	정가 8,000원 미만 1권당 80원	직송 60% 적용
	정가 8,001원~10,000원까지 1%	
	정가 10,001원~15,000원까지 0.9% 최하110원	
	정가 15,001원~30,000원까지 0.8% 최하140원	
	정가 30,001원~50,000원까지 0.7% 최하250원	
	정가 50,001원 이상 0.6% 최하350원	
정품 관리비	출고 종당 / 1,000원	
항공 발송비	실비 적용 / 1박스당 작업비용 3,000원 별도	
화물, 택배 발송비	2,800원 / 박스	
용달, 퀵 발송비	실비 적용	
박스 . 멤지	박스 1,000원 / 멤지 180원(1장당 90원)	수출포장용
서식비	거래명세서/30원, 스티커 용지/30원	
이전시출고비	권당 30원	운송료 별도

3. 반품관리

반품 운송비	시내,본사수거/1권당 40원, 지방/1박스 2,000원	
반품 분류비	출고단가와 동일	
반품 관리비	1종당 1,000원	
도서 재생비	1권당/250원	
정품 이동 작업비	1권당 50원	재생 없이 정품 이동
인지,띠지,커버 외	인지/60원, 띠지/60원, 커버/150원, 도장/60원 바코드스티커/60원, 판권확인/60원	기타 작업 협의
랩핑,무선표지갈이	별도 단가표	
기타 작업비	파기업무(1권당 10원), 세트정합해체작업(권당60원)	

(주)코업북로지스틱스 경기도 연천군 미산면 청정로 755번길 53   www.coopbook.co.kr
대표 T. 031-830-3000   F. 031-835-3600

[도표 32] 코업북로지스틱스 단가표(영업용 자료, 코업북 제공)

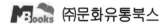
㈜문화유통북스

경기도 파주시 검산동 113-2　　/ Tel.(대) 031-937-6100　/ Fax.031-945-6172

문서번호: 문유 2016-12-23
수신:
참조:
제목: 물류대행건 제안서

1)안녕하십니까? 귀사의 번창함을 기원합니다.

2)요청하셨던 물류대행건에 대한 본사 단가를 다음과 같이 제안합니다.

-다음-

항목	기준	단가	비고
출고 및 배송료	4,000부 이하	기본 45만원	
	4,001- 30,000이하 분	권당 105원	
	30,001-60,000이하 분	권당 100원	
	60,001이상 분	권당 95원	
보관료	정가 5,000원 미만	10원	평균재고 기준
	5,000원-10,000원 미만	11원	
	10,000원 이상	12원	
보관할증료	1%미만	100%	회전율기준
	1-2%미만	90%	회전율=출고부수/평균재고
	2-3%미만	80%	출고부수*30 기초공제
	3-3.4%미만	30%	
정품관리비	종당	1,000원	총 관리 종
수거입고비	권당	80원	
직송비	권당	80원	인편, 용달 등
임대보증금		면제	**1만부당 100만원
반품수거비	권당	0	
반품해체비	권당	50원	
반품관리비	종당	1,000원	총 반품 종
반품재생비	무선 권당	200원	재단(띠지 등은 추가요금)
	양장 권당	500/400원	커버, 띠지 등은 추가요금
뗌지	묶음당	150원	
박스(택배, 화물)	박스당	1,000원	
서식비	장당	30원	
지방 화물 수거비	박스당	2,000원	
택배비		3,000원	
드림날개 반품비용		실비정산	
퀵 화물 등		실비정산	
폐기비용	정품	인건비등 실비	
	반품	폐지대금 대체	
기타 부대서비스		해당단가	스티커, 띠지, 세트작업 등

(주)문화유통북스 대표이사 이 석 표 (직인생략)

[도표 33] 문화유통북스 단가표(영업용 자료, 문화유통북스 제공)

6

출판물류 입고와 출고 업무 프로세스

세부적 업무 효율화

1. 제작 발주 업무 : 재판 발주는 가급적 월 2회로 한다.

2. 입고 관리 업무

  • 물류 회사의 출고 시간에 따라 입고 시간을 준수해야 한다.

   - 물류 회사에 12시까지 입고해야 한다.

   - 출판사는 거래처의 주문도 12시까지만 받아야 한다.

   - 정품 재고, 반품 관리, 지방 거래처 등 문제가 생기지 않도록 주의해야 한다.

   - 특히 제책 업체가 물류 회사의 규정된 입고 시간을 준수하도록 지속적으로 관리해야 한다.

  • 모든 제작물은 완성된 형태로 입고해야 한다. 책과 사은품을 세트로 구성해서 래핑하게 될 경우 외부 제작 업체에서 완제품으로 만들어 들여와야 한다.

3. 출고 관리 업무

- 모든 출판물의 출고는 오후 12시까지 종료한다.
- 신간 도서 출고는 물류 회사에 입고 후 2~3일 이내에 해야 한다.

4. 홍보물 제작 관리 업무

사전에 철저한 배포 계획이 없는 경우 제작 발주를 할 수 없도록 해야 한다. 눈에 보이지 않게 가장 많은 낭비를 하고 있는 것이 홍보물이다.

5. 입고·출고·배송 관리

- 입고와 출고 프로세스

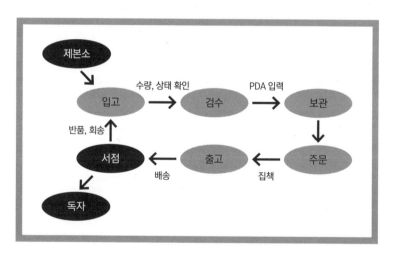

- 입고·출고 프로세스 세부 사항
  - 입고 : 제책 업체 입고, 재생 도서 입고

인수증

바코드 스캔 검수

출고도서 보관랙

출고지시서

- 검수 : 도서 수량 및 상태를 확인한 후 PDA로 바코드를 스캔
  입력하여 출판사에 입고증을 팩스로 즉시 송부하고 원본은
  출판사로 매일 발송한다.
- 보관 : 도서 종별로 지정된 보관랙과 출고랙에 적재한다. 출
  고랙과 보관랙을 하나의 센터 안에 배치하여 효율성이 좋다.
- 주문 : 서울과 시내 서점은 오후 12시까지 주문을 받고, 지방
  서점, 택배 등은 오후 3시까지 받는다. 다만 교보문고는 오전
  10시까지 주문을 받는다. 예를 들면 출판사 전산 주문 데이터
  를 주문관리(EDI)로 자동 변환하여 물류 회사 프로그램으로
  업로드하면 출고 지시서를 보관랙 현장에서 출력하고 서점별

출고도서 집책

출고도서 확인작업

출고도서 오류 점검

거래처 출고 라벨

로 집책해서 낱권별 스캔으로 검수한 다음 스티커 및 거래명
세서를 발행한 후 포장해서 배송 차량에 적재한다.

- 출고 : 스캔 검수 100퍼센트 완료 시 스티커를 발행할 수 있
  으며, 마감 후 긴급 출고를 요청할 경우 물류 회사 특송 차량,
  용차, 퀵서비스를 이용해 긴급 처리한다.

- 출고 과정에서 클레임이 발생했을 경우 : 출고 오류 내용을
  전달하고 물류 회사에서는 재고 확인 및 오류 여부를 판단해
  서 출판사와 서점에 확인한 다음 재출고, 전표 수정 등의 조
  치를 취한다.

- 배송 : 서울 시내(경기도 일산, 파주 포함)는 당일 배송하고 그 밖
  의 지방과 택배를 이용하는 경우에는 익일 배송을 하고 있다.

거래처별 출고도서 포장

거래처별 분류

거래 명세서

- 도서 바코드 스캔 시스템에 의한 정확한 출고 검수 : 모든 도서
  는 바코드로 전산에 등록, 1부씩 스캔 검수를 실시하여 출고 오
  류를 사전에 방지한다.

- 출판사별 전산 시스템에 대응하는 EDI 전산화로 안정적이고
  정확한 주문 처리 : 팩스와 유선으로 주문했을 경우에 생기는
  오류 가능성을 차단한다.

- 집책 시간 및 이동거리를 최소화한 출고랙 시스템 : 타 물류보
  다 출고 시간을 한 시간 이상 단축한다.

- 도서별 출고 번호 지정과 순차적인 집책으로 오류 방지 : 신입
  사원도 즉시 집책 가능한 시스템으로 운영한다.

- 출판사 본사, 파주출판단지, 인터넷서점 직배송 차량 운영 : 오

정품도서 보관랙

류 배송, 미착, 과착 등이 발생했을 때 익일 즉시 해결, 출판사의 행사 건 등으로 비정기적인 업무가 생겼을 때 신속하게 서비스를 제공한다.

6. 보관 관리

- 출판사별로 지정된 로케이션을 관리한다(보관랙, 출고랙을 팔레트별로 바코드화).
- 장기 보관용과 대량생산용 팔레트 구역을 별도로 관리한다.
- 무선 랜 환경을 구축하고, PDA, 실시간 재고 관리 시스템을 운영한다.

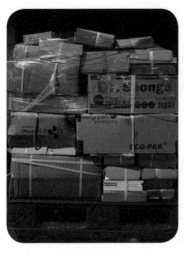

서점 반품도서 명세서

서점 반품도서

7. 반품 관리

- 반품 및 재생 관리 프로세스 :

  - 반품 접수 → 입고 → 1차 분류(3일 내) → 2차 분류(재생, 표지
    갈이, 래핑, 파기)

  - 수량에 따라 1~3일 소요된다.

- 반품 및 재생 관리 프로세스 세부 사항

  - 접수 : 서점별 반품 리스트 덩이의 수량을 확인하고(시내, 지
    방, 화물, 택배), 다량 반품 입고(서점 폐업, 거래 정리 등)의 경우 최
    우선으로 입고 처리하여 데이터를 출판사에 통보한다.

  - 입고 : 서점별 낱권 바코드를 스캔하여 명세와 일치하는지
    점검한다. 특히 구정가 도서를 확인하는 작업을 해야 하는데,

출판사별 반품도서

반품 오류가 있을 경우 서점과 출판사에 확인 전화를 해서(도서명, 수량, 통화자 등 내용 기재) 기록한다. 반품된 구정가 도서를 보면 동일 바코드인데 정가가 다양하게 등록되어 있을 경우 정가별로 입고 작업을 한다. 그리고 입고 자료를 출판사로 전송해서 실시간 확인하도록 하고 반품 명세서는 출판사로 송부함으로써 출판사에서 반품 자료를 입력하지 않아도 되도록 한다.

- 1차 분류 작업 : 정품 출고팀에서 도서 종별로 책임 분류를 하고 있다. 출고 마감 업무 후 매일 작업을 시행하고, 출판사별 도서별 지정된 로케이션 시스템으로 운영하며, 다량으로 반품된 새 책은 출판사 기준에 따라 바로 정품으로 이동함으

반품도서 분류작업 완료

로써 재생비 절감 효과를 보고 있다.

- 2차 분류 작업 : A등급은 재생 가능, B등급은 보류(표지갈이, 래핑 등), C등급은 파본, 재생 불가, 리퍼 도서 판매용으로 분류하고 있다.

- 재생 : 임의 재생의 경우 출판사와 사전 협의된 도서에 대해 수시로 재생하고, 출판사 요청으로 재생하는 경우도 있다. 재생 작업은 재단, 클리핑, 띠지 교체, 커버 교체, 무선 표지갈이, 래핑, 세트 해체, 스티커 부착 등을 시행하고 있다. 또한 세트 구성을 요청할 경우 별도로 운영하고 있다.

- 입고 : 정품을 입고한다.

• 입고 시에도 한 권씩 스캔 검수를 실시해 정확한 반품 재고 관

반품도서 전산작업

도서별 반품분류

리를 실현한다.

- 반품 도착 3일 내 해체를 완료한다. 당일을 목표로 관리한다.

- 0.5밀리미터 이내 재단 재생, 띠지와 커버 교체, 세트 해체, 제작, 스티커 부착 등의 작업을 진행한다.

- 반품 입력 내역 등을 출판사에 제공하면 출판사는 입력할 필요가 없다.

- 부족 도서는 당일 즉시 재생 및 출고 가능하다.

8. 파지 관리

- 현장에서 절단 처리하여 반출함으로써 유출을 방지한다.

도서 재생

래핑설비

표지여분 보관

띠지여분 보관

- 파지 대금을 즉시 출판사에 현금으로 입금하고, 계근부터 파지
  처리까지 무료로 해준다.

9. 샌딩기

기본적으로는 재단기를 사용한 재단 재생을 원칙으로 하나 향후 늘
어나는 반품 물량에 원활하게 대처하기 위해 별도로 샌딩기를 설치
해서 운영하는 것이 효과적이다.

10. 랩 수축 포장기

출판사의 도서 래핑 요청에 대응하여 래핑을 처리함으로써 서비스

의 다양성과 고객 만족을 실현하고, 소량 도서 및 반품 도서 중 래핑이 필요한 도서에 대하여 신속하게 업무를 처리하여 출판사의 경영에 기여(래핑 업체로의 입출고 시간 및 비용 절감)하고 있다.

11. 도서별 띠지, 커버, 표지 관리의 전산화

표지갈이 업무를 체계적으로 관리하기 위해 제본소에서 부정기적으로 입고되는 띠지 등을 전산에 입고 및 관리함으로써 출판사의 표지갈이 업무에 능동적이고 체계적인 서비스를 실시하고 있다.

7

출판물류 대행 업체 현황

물류사명	전화번호	주소	홈페이지	업무 범위	비고
(주) 코업북 로지스틱스	031-830-3600	경기 연천군 미산면 광동리 51	coopbook.co.kr	보관/수거/ 서울, 수도권 배송	보관대행 서울, 수도권 배송
(주) 날개물류	031-940-1300	경기 파주시 파주읍 부곡리 7-12	nalgae.kr	보관/수거/ 전국 배송	황금날개(시내 배송) 드림날개(전국 배송)
(주)문화유통북스	031-937-6100	경기 파주시 검산동 113-2	mhbooks.co.kr	보관/시내 배송	지방 배송 위탁 출판연합
(주)한국출판물류	031-945-7222	경기 파주시 탄현면 오금리 202	koreabook.org	보관/수거/ 시내 배송	지방 배송 위탁 출판협동조합
북앤북	031-8071-3561 ~3 031-975-9601 ~3	제1물류-경기 파주시 월롱면 도내3리 410-9 제2물류-경기 고양시 일산동구 설문동 787-3	booknnook.net	보관/시내 배송	지방 배송 위탁 참고서 전문 대행
도서유통 수레사	031-943-3114	경기 파주시 교하읍 산남리 49-5	suresa.co.kr	보관/수거/ 시내 배송	지방 배송 위탁
중앙라인	031-8071-1271 ~3	경기 고양시 일산서구 구산동 627-108	jaline.co.kr	보관/수거/ 시내 배송	지방 배송 위탁
한강도서라인	031-923-8090	경기 고양시 일산서구 가좌동 588-1	hgbline.kr	보관/수거/ 시내 배송	지방 배송 위탁
책과일터	031-923-3357	경기 고양시 일산서구 법곳동 74		보관 물류	시내 배송 지방 배송 위탁
도서유통 천리마	031-923-9323	경기 일산서구 가좌동 9-10		보관 물류	시내 배송 지방 배송 위탁

파발마	031-923-7024	경기 고양시 일산서구 구산동 145-1		보관/시내 배송	지방 배송 위탁
협진도서유통	031-943-8260	경기 파주시 월롱면 덕은리 226-102		보관 물류	시내 배송 지방 재송 위탁
도서유통 손수레	031-942-7251 ~2	경기 파주시 교하읍 산남동 231-1	sonsure.net	보관/시내 배송	지방 배송 위탁
소망유통	031-977-3005	경기 고양시 일산동구 문봉동 207-4		수거 / 시내 배송	기독교물 전문 지방 배송 위탁
한국도서유통	031-923-1212	경기 고양 일산서구 구산동 142-4	yeskb.com	보관/수거/ 시내 배송	지방 배송 위탁
(주)컴파크 (로드북)	031-975-3013 ~4	경기 고양시 일산동구 성석동 149	icompark.com	보관/시내 배송	

※ 2016년 11월 말 기준

『출판 경영』 초판 원가 분석표

도서별 손익분기 분석

작성일 : 2017-02-16

기초사항

도서명:	출판경영			
판쇄	1판 1쇄	예상매출액	9,750,000	
수량	1,000	손익분기_매출액	8,104,524	
정가	15,000	예상손익	1,645,476	16.88%
할인율	65%	인세 8.00%	1,200,000	12.31%
매가	9,750	광고비	585,000	6.00%
손익분기부수	831	일반관리비	1,560,000	16.00%
권당공헌이익	1,645	물류비	585,000	6.00%

구분사항

구분	계열	쪽수	용지	정미	인쇄도수 (원,별,배,형)	가로	세로
본문	국전16 절	196 쪽	100브리에 /국전	12.3	4 도 1.1.0.0/1.1.0.0	153	225
면지	국전16 절	4 쪽	120매직(B) /46전	0.3	0 도 0.0.0.0/0.0.0.0		
표지	46횡전6 절	2 쪽	250아트지 /46횡전	0.3	4 도 4.0.0.0/0.0.0.0		

No	공정	구분	계열	수량	단가	금액	비고	%
1	표지 디자인		/	1	1,000,000	1,000,000		11.28%
2	본문 디자인		/	196P	5,000	980,000		11.06%
3	용지	본문	/	16연	53,940	863,040	100브리에/국	9.74%
4	용지	면지	/	0.25연	191,130	47,782	120매직(B)/46/노른자색	0.54%
5	용지	표지	/	0.6연	170,000	102,000	250아트지/46횡	1.15%
6	CTP소부	본문	국/ 1	6대 * 4도	8,000	192,000		2.17%
7	CTP소부	본문	국/ 1	1대 * 4도	8,000	32,000		0.36%
8	인쇄	본문	국/ 1	11연* 6도	3,600	237,600	/6대	2.68%
9	인쇄	본문	국/ 1	1연* 6도	3,600	21,600	/0.125대	0.24%
10	CTP소부	표지	46/ 2	1대 * 4도	8,000	32,000		0.36%
11	인쇄	표지	46/ 2	1연* 4도	8,000	32,000	/0.3333대	0.36%
12	코팅	표지	46/ 2	1연	55,000	55,000	라미유단면	0.62%
13	제본_무선	신국판	/	1000권	200	200,000	좌철/면지2+2	2.26%

소계	3,795,022	부가세	379,502	직접비총계	4,174,524	42.82%

국립중앙도서관 출판예정도서목록(CIP)

출판 경영 / 지은이: 박찬수. -- 서울 : 한국출판마케팅연구
소, 2017
  p. ;   cm

ISBN 978-89-89420-93-4 03010 : ₩15000

출판사[出版社]
출판 사업[出版事業]

013.32-KDC6
070.593-DDC23   CIP2017004800

출판 경영

2017년 2월 22일 1판 1쇄 인쇄
2017년 3월 2일 1판 1쇄 발행

지은이 —— 박찬수
펴낸이 —— 한기호
펴낸곳 —— 한국출판마케팅연구소
         출판등록 2000년 11월 6일 제10-2065호
         121-839 서울시 마포구 동교로 12안길 14(서교동) 삼성빌딩 A동 2층
         전화 02-336-5675 팩스 02-337-5347
         이메일 kpm@kpm21.co.kr
         홈페이지 www.kpm21.co.kr

ISBN   978-89-89420-93-4   03010
책값은 뒤표지에 있습니다.

종   이 —— 한솔PNS : 서울시 중구 충무로 213 일흥빌딩 5층(전화 1899-2580)
         이 도서는 한솔제지의 밀레니엄아트 250g(표지), 매직칼라 120g(면지),
         신제품 브리에 100g(본문)을 한솔PNS에서 후원받아 제작되었습니다.
인   쇄 —— 아르텍 : 경기도 파주시 지목로 75번길 30(신촌동)(전화 031-941-6117)
제   책 —— 경문제책 : 경기도 일산구 장항동 602-45(전화 031-906-2871)
표지 후가공 —— 이지앤비 : 경기도 파주시 소라지로 63-36(전화 031-932-8755)
         본 도서 표지 제목과 이미지는 특허 제10-1081185호의 기술로 제작되었습니다.